TRAVEL

IS THE ONLY THING

you buy

THAT MAKES YOU

RICHER

 WWW.GUIDEME.CH GUIDEME_TRAVEL

Das bin ich

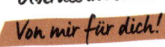

Überall im Buch.
Von mir für dich!

Inhalt

16

42

71

128

CITY

HAFEN

ST. PAULI

NORDEN

OSTEN

WESTEN

Hello
Das bin ich

JENNIFER VOLK

Was ich in Hamburg am liebsten esse?

Zum Jungfernstieg gehe ich jedes Mal, wenn ich in der Stadt bin. Da er sehr zentral liegt, kann man von ihm aus alles gut erreichen: Restaurants, Geschäfte ...

Waffeln von der Nord Coast Coffee Roastery

3 Dinge, die du auf deinem Hamburg-Trip unbedingt dabeihaben solltest:

- ☐ Haargummi
- ☐ Windjacke
- ☐ cooles Partyoutfit

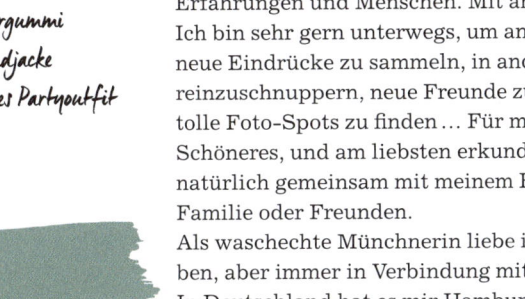

Meine Lieblingsfarben

Hi, ich heiße Jenny und wohne aktuell im schönen Ravensburg. Aber weil ich als Freundin eines Profi-Eishockey-Spielers häufig umziehen muss (oder darf ;D), bin ich immer aufgeschlossen für neue Städte, Erfahrungen und Menschen. Mit anderen Worten: Ich bin sehr gern unterwegs, um an fremden Orten neue Eindrücke zu sammeln, in andere Kulturen reinzuschnuppern, neue Freunde zu gewinnen und tolle Foto-Spots zu finden … Für mich gibt es nichts Schöneres, und am liebsten erkunde ich neue Städte natürlich gemeinsam mit meinem Freund, meiner Familie oder Freunden.

Als waschechte Münchnerin liebe ich das Stadtleben, aber immer in Verbindung mit schöner Natur! In Deutschland hat es mir Hamburg besonders angetan – vielleicht, weil dort nicht das Alpenglühen, sondern das Meer so nah ist. Früher wollte ich dort immer gern studieren, jedoch war es mir wichtiger, bei meiner Familie zu sein, und so blieb es bei München. Wann immer es mir mein Job als Influencerin und mein Business-Management-Studium aber erlauben, verbringe ich ein paar Tage in Hamburg, und jedes Mal entdecke ich neue Facetten am „Venedig des Nordens". Hamburg ist nämlich total vielfältig, und so findet man auch bei „Schietwetter" immer eine Aktivität. In diesem Guide verrate ich euch nun, wo meine absoluten Lieblingsplätze sind und an welcher Ecke du tolle Insta-Fotos knipsen kannst. Ich wünsche euch tolle Erlebnisse in Hamburg!

PS: Verlinke mich gerne auf deinen Bildern, dann kann ich deine Reise mitverfolgen (@guideme_travel).

Und jetzt komm mit, ich zeige dir Hamburg!

WWW.JEENNNY.COM 〇 JEENNNY____

Norden

Westen

Pauli

Herr Max

Schanzenviertel

Reeperbahn

PORTUGIESEN VIERTEL

STRAND PERLE

Strandperle & Övelgönne

Altonaer Fischmarkt

Fischbrötchen

Portugiesen viertel

Waltershofer Damm und Tankweg

Abendliche Lichterfahrt

Café im Energiebunker

HAMBURG
Bucket List

Osten

Campus Grindelhof

SUP auf der Alster

Alle Highlights sind im Buch mit einem ⭐ gekennzeichnet

Tipsy Baker Bar

ity

Elbphilharmonie

Speicherstadt

Hafen

BLOSS NICHT VERPASSEN!

- ○ ELBPHILHARMONIE
- ○ PORTUGIESENVIERTEL
- ○ TIPSY BAKER BAR
- ○ ABENDLICHE LICHTERFAHRT
- ○ ALTONAER FISCHMARKT
- ○ REEPERBAHN
- ○ CAFÉ IM ENERGIEBUNKER
- ○ STAND-UP-PADDLING AUF DER ALSTER
- ○ DAS BESTE FISCHBRÖTCHEN
- ○ STRANDPERLE & OEVELGÖNNE
- ○ WALTERSHOFER DAMM UND TANKWEG
- ○ SCHANZENVIERTEL
- ○ HERR MAX
- ○ CAMPUS GRINDELHOF
- ○ SPEICHERSTADT

TO BE CONTINUED ...

- ○ ....
- ○ ....
- ○ ....
- ○ ....
- ○ ....
- ○ ....
- ○ ....
- ○ ....

VOR DEINER REISE

Gut zu wissen

NICHT VERGESSEN

Regenjacke und Wollpullover (Regenschirme sind was für Landratten!)

ERMÄSSIGUNGEN

Mit der Hamburg CARD (als 1-, 2-, 3-, 4- oder 5-Tageskarte) bekommst du Ermäßigungen in Museen, Theatern, Restaurants, bei Stadt-, Hafen- und Alsterrundfahrten: Tageskarte ca. 10,50 Euro, Gruppenkarte (5 Pers.) 18,50 Euro, Dreitageskarte 27,50 Euro (Gruppen 46,90 Euro), Fünftageskarte 43,40 Euro (Gruppen 76,50 Euro).

UNTERWEGS

BUS UND BAHN – Nicht nur als Reisender ist man in Hamburg mit den öffentlichen Verkehrsmitteln des Hamburger Verkehrsverbunds (HVV) am besten unterwegs. Mit einem Fahrschein oder der Hamburg CARD (siehe „Ermäßigungen") können alle Verkehrsmittel in Hamburg und weit hinaus ins Umland der Stadt genutzt werden.

Neben den „normalen" Bussen gibt es u. a. den MetroBus mit direkten Verbindungen und einem dichten Takt sowie den Xpress-Bus mit wenigen Zwischenhalten und schnellen Verbindungen. Viele Buslinien fahren am Wochenende und vor Feiertagen die ganze Nacht durch. Zudem gibt es Nachtbusse, die auch die Außenbereiche und das Umland ansteuern.

Die Bahnen verkehren von morgens 4.30 bis gegen 1 Uhr nachts. Am Wochenende und vor Feiertagen fahren die U- und S-Bahnen im Stadtgebiet die ganze Nacht durch. Der Preis eines Tickets richtet sich nach Tarifzonen und nicht nach der Anzahl der Haltestellen.

Einzel- und Tageskarten sind am

ab **€ 10,50***

SO VIEL MEHR
ERLEBEN
FAHREN
SPAREN

Freie Fahrt		Überall freie Fahrt mit Bus, Bahn & Hafenfähren
Viele Rabatte		Bis zu 50% Rabatt bei über 150 touristischen Angeboten
Jetzt kaufen		Online, App, Tourist-Information, Hotel & Fahrkartenautomaten
Gratis-App runterladen		Alle Vorteile auf Ihrem Smartphone – jetzt Code scannen

040-300 51 400
hamburg-card.de

Fahrkartenautomaten oder beim Busfahrer erhältlich. Einzelfahrschein ab 3,40 Euro, Ganztagesticket ab 7,90 Euro, Hamburg CARD ab 10,50 Euro/Tag. Aktuelle Informationen zu den öffentlichen Verkehrsmitteln der Stadt sowie deren Fahrplänen und Linien findest du unter www.hvv.de oder in der HVV-App.

TAXIS – In Hamburg gibt es mehrere tausend Taxen, im Zentrum kann man sich außerhalb der Rushhour fast darauf verlassen, dass bald ein freies vorbeikommt. Bei freien Taxis leuchtet das Dachschild – einfach heranwinken! Ansonsten steigt man am Taxistand zu oder ruft eine der Funkzentralen an (www.hamburg. de/taxi/316896/funkzentralen). Die Grundgebühr beträgt 3,50 Euro, die Kilometerpreise richten sich nach der gefahrenen Strecke und liegen zwischen 2,45 Euro (bis 4 Kilometer) und 1,50 Euro (mehr als 9 Kilometer).

HAFENFÄHREN – Mehrere Linien verkehren im Hafen und auf der Elbe und sind mit der Hamburg CARD kostenlos zu nutzen. Super für einen Kurztrip auf dem Wasser.

FAHRRAD – Hamburg mit dem Fahrrad zu erkunden ist eine gute Idee. Außer von 6 bis 9 und von 16 bis 18 Uhr kann man sein Bike auch in fast allen öffentlichen Verkehrsmitteln kostenlos transportieren, sofern genügend Platz ist. Wer vom Rad auf den HVV umsteigen möchte, kann es an den meisten Haltestellen abstellen, oft gibt es abschließbare Stellplätze. Auch auf den Elbfähren ist die Fahrradmitnahme kostenlos. Mehr Details findest du unter „Bike+Ride" auf www.hvv.de. Wer ein Rad mieten möchte, findet zahlreiche Anbieter – Infos gibt's z. B. bei www.stadtrad. hamburg.de.

SICHERHEIT – Wie jede Großstadt hat auch Hamburg einige Ecken, die man besonders in den Abendstunden besser meiden sollte. Die Rückseite des Hauptbahnhofs gehört dazu, außerdem bestimmte Straßen in St. Georg und auf St. Pauli. Nächtliche Bahnfahrten wie in den Süden Hamburgs Richtung Harburg oder in der S 1 zwischen Landwehr und Poppenbüttel und der S 3 zwischen Hammerbrook und Neugraben sollte man sich möglichst sparen. Auf diesen Strecken sitzt du nachts womöglich ganz allein im Abteil – spooky!

LINKS

WWW.CLUBKOMBINAT.DE – Lust auf Feiern und Party? Über diese Seite oder die App gibt es tagesaktuell alle wichtigen Musikveranstaltungen in Hamburg. Dabei findest du Top-Acts genauso wie kleine innovative Events.

WWW.SZENE-HAMBURG – Hier auf der Website des gleichnamigen Stadtmagazins erfährst du alles, was in Hamburg so los ist – in den Rubriken Film, Kunst, Theater, Musik, Literatur, Nachtleben und mehr.

REISE-KNIGGE

UNBEDINGT VERMEIDEN!

Auf keinen Fall solltest du ...

♀

… als Frau über die Herbertstraße laufen. Die Prostituierten wollen hier keine nichtprofessionelle Konkurrenz. Da kann es schon mal einen Eimer Wasser regnen.

🚗

… dein Auto am falschen Ort parken. Das Elbufer mag harmlos erscheinen, doch das Hochwasser ist manchmal schneller da als gedacht.

… dich als Mann von Prostituierten ansprechen lassen, wenn du nicht interessiert bist – es ist echt schwer, sie wieder abzuwimmeln.

… dich auf dem Kiez daneben benehmen. Da kannst du schnell an die falschen Leute geraten, die viel Einfluss im Rotlichtmilieu haben.

…. in der Zeit von Freitag bis Sonntag von 22 – 6 Uhr im Bereich Reeperbahn und Hans-Albers-Platz Glasflaschen bei dir führen. Das ist verboten.

… den Alsterschwänen eine Feder ausreißen. Als Wahrzeichen der Stadt stehen sie unter besonderem Schutz – bloß in Ruhe lassen!

… zur Begrüßung Küsschen geben. In Hamburg grüßt man mit einem warmherzigen „Moin" und einem Kopfnicken.

…über das Wetter schimpfen. Der optimistische Hamburger zieht seine Regenjacke an und hält Ausschau nach der nächsten Wolkenlücke.

HAMBURG

Exklusiv und edel, traditionsreich und chic, trendy, bunt, witzig und schrill – Hamburgs City ist ein Shopping-Paradies. In den Passagen, Kaufhäusern und Boutiquen tummeln sich Besitzer großer und kleiner Geldbeutel, in Gourmetrestaurants und Imbissbuden trifft man sich wieder. Die eigentliche Flaniermeile ist der Jungfernstieg an der Binnenalster. An sie schließen sich weitere Einkaufsziele an. Vom Turm des Michel lässt sich die City wunderbar überschauen.

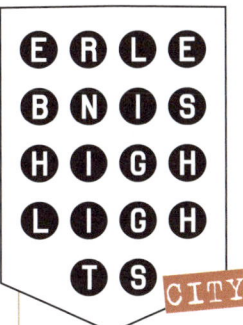

> **SEE AND BE SEEN IN DEN ALSTERARKADEN**
> **NACHTBLICK VOM MICHEL**
> **JOGGEN AN DER ALSTER**
> **WAFFELN ZUM KAFFEE**
> ....
> ....
> ....

Flanieren im Venedig des Nordens: Hello in Hamburg!

City

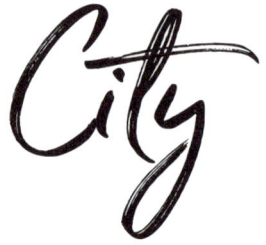

SEHENSWERTES

1. JUNGFERNSTIEG
2. AUSSICHTSPUNKT STINTFANG
3. STADTRUNDFAHRT LINIE A
4. MICHEL
5. GÄNGEVIERTEL
6. GROSSNEUMARKT
7. KONTORHAUSVIERTEL
8. DEICHSTRASSE
9. PORTUGIESENVIERTEL

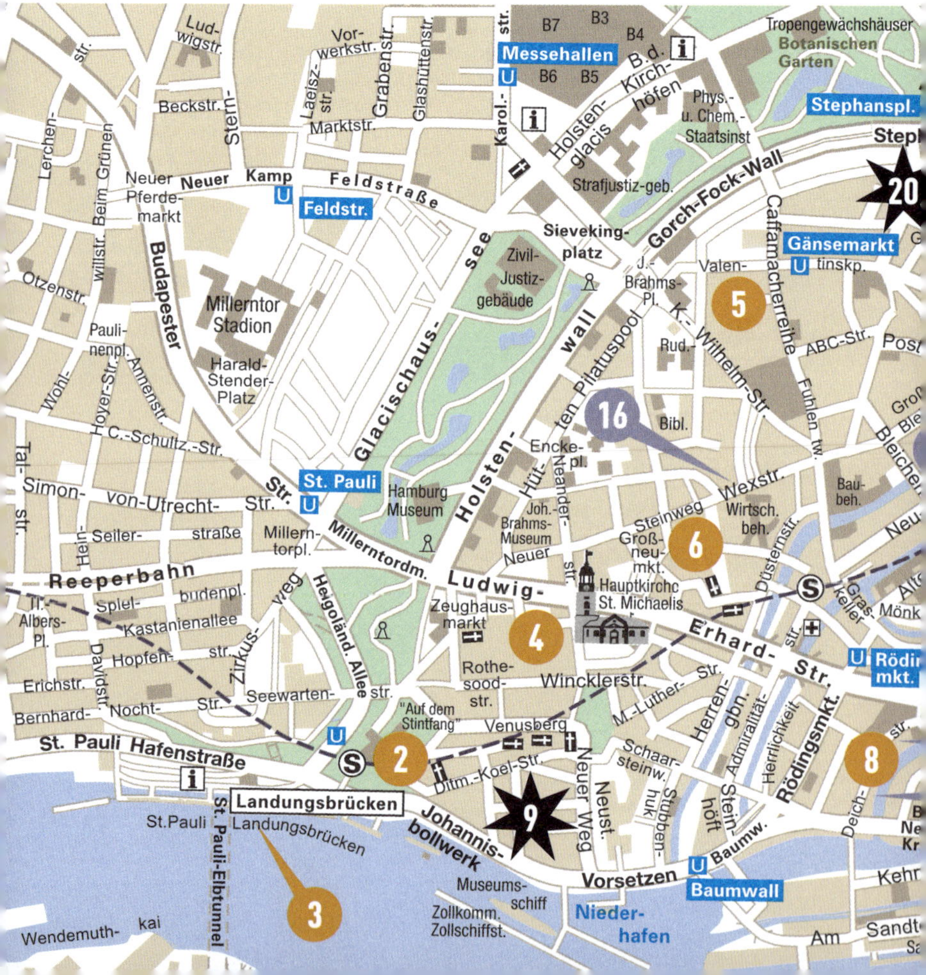

10 ALSTERARKADEN

11 CHOCOVERSUM

PARKS

12 RUND UM DIE
AUSSENALSTER

ESSEN & TRINKEN

13 NORD COAST COFFEE
ROASTERY

14 ATELIER F

15 PREGO

16 PUBLIC COFFEE
ROASTERS

17 BROOKLYN BURGER BAR

18 BAREFOOD DELI

19 TI BREIZH

20 TIPSY BAKER

21 AHOI

22 MI-CHII

SHOPPING

23 EUROPA PASSAGE

24 NEUER WALL & GROSSE
BLEICHEN

25 SPITALER- UND MÖNCKE-
BERGSTRASSE

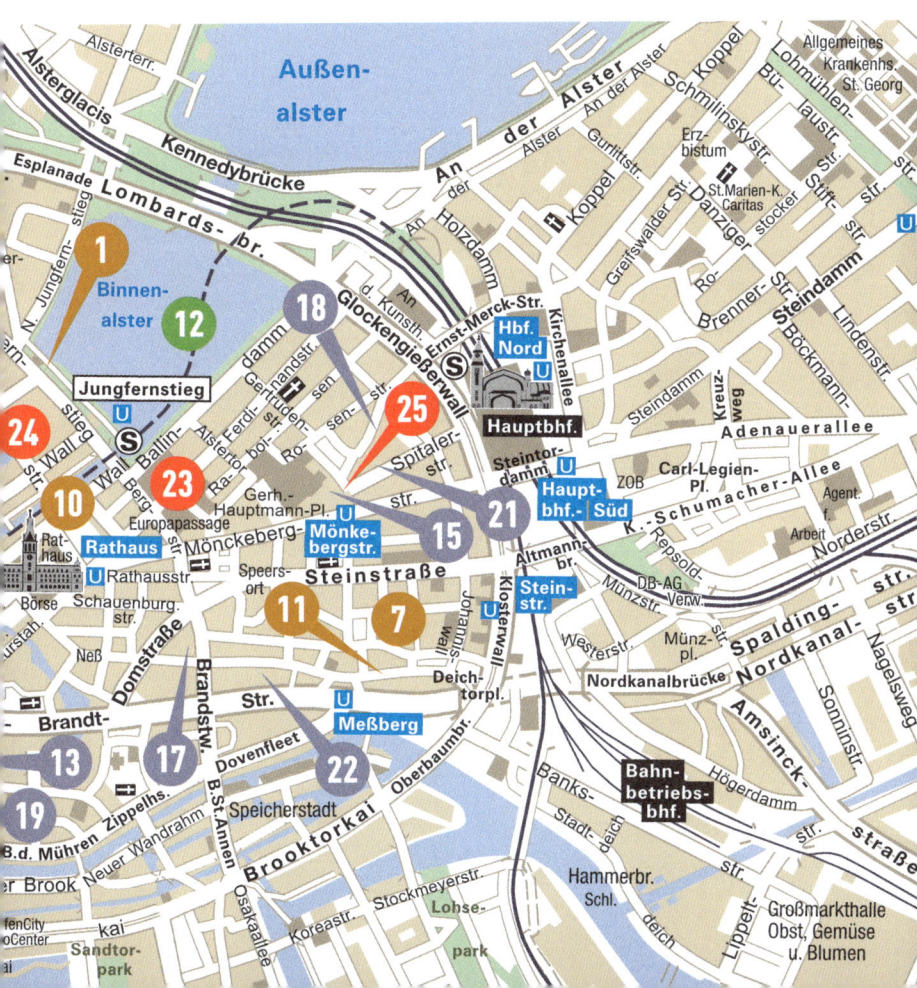

FOTO TIPP FOTO TIPP FOTO TIPP FOTO TIPP FOTO TIPP FOTO

Wenn du dich auf den Stufen positionierst, hast du die Alster und das andere Ufer mit drauf oder je nach Winkel auch die schöne Alsterfontäne mit der Lombardbrücke.

SEHENSWERTES

1. JUNGFERNSTIEG

Bei schönem Wetter kannst du es hier ewig aushalten! Einfach irgendwo mit einem Eis oder einem Getränk auf einer Bank oder auf den Stufen zur Alster hinsetzen und die Szenerie genießen: auf der Wasserseite die weißen Alsterdampfer und die etwa 60 m hohe Alsterfontäne (bei Wind – nicht selten in Hamburg – ist sie besonders eindrucksvoll), am Südufer der Binnenalster der Jungfernstieg, den man hier gern als „schönste Einkaufsstraße der Welt" bezeichnet. Hier lassen sich übrigens auch tolle Bilder machen! **Wenn du genug gesehen hast, empfiehlt sich ein Shoppingbummel am Jungfernstieg und durch die Alsterarkaden zum Rathausmarkt mit dem imposanten, auf rund 4000 Rammpfählen ruhenden Rathaus, das mehr Räume hat als der Londoner Buckingham Palace.** In aller Regel kann man es besichtigen, wenn du Lust und Zeit hast, einfach fragen! Oder du gehst weiter shoppen – die von hier abgehende Mönckebergstraße, eine weitere Einkaufsmeile, fuhrt zum Hauptbahnhof. Verkehrstechnisch ist der Jungfernstieg durch U- und S-Bahn übrigens sehr gut erschlossen und deshalb ein toller Ausgangspunkt für sämtliche Touren durch die Stadt!

Jungfernstieg | Station: Jungfernstieg

2. AUSSICHTSPUNKT STINTFANG

Nur 26 m hoch ist der auch „Elbhöhe" genannte Hügel Stintfang, aber in Hamburg reicht das völlig aus, um eine spektakuläre Aussicht über das gesamte Hafenviertel zu bieten. Obendrauf thront die Jugendherberge, davor hat man eine Aussichtsplattform errichtet, die sich großer Beliebtheit erfreut und zu den bekanntesten Foto-Spots zählt. Seine Eigenschaft als Weinberg hat der Stintfang allerdings 2019 wegen U-Bahn-Bauarbeiten verloren, ein schönes Ambiente erzeugen die Weinreben trotzdem.

Besonders empfehlenswert für diesen Ort ist die Zeit rund um den Sonnenuntergang: Mit Blick auf Landungsbrücken, Kräne und Schiffe kannst du den Stintfang, vielleicht bei einem Bier, genießen. Für Fotofreaks: **Zur „zivilen blauen Stunde", also direkt nach Sonnenuntergang, könnt ihr hier wirklich stimmungsvolle Fotos schießen. Tagsüber liegt der Uhrenturm sonst nämlich im Schatten und ihr habt mit Gegenlicht zu kämpfen!**

Alfred-Wegener-Weg 5 | Station: Landungsbrücke

FOTO TIPP FOTO TIPP FOTO TIPP FOTO TIPP

Besonders schön ist das Aussichts-Foto, wenn du im Spätherbst die rostroten Blätter der Weinreben mit drauf bekommst!

Auch bei Regen schön, wenn man auf Sightseeing nicht verzichten möchte.

3. STADTRUNDFAHRT LINIE A

Für mich die schnellste und einfachste Art, die großen Hamburg-Highlights nacheinander anzufahren und sich in kürzester Zeit (wenn du unterwegs nicht aussteigst: 90 Minuten) einen Überblick über die Stadt zu verschaffen (Dauer: 1,5 Std., Kosten: 18,50 . Tickets online oder im Bus.) Wenn du unterwegs mal aussteigen willst, um dir z.B. die Villen in Harvestehude näher anzugucken – kein Problem. Gemäß dem Hop-On-Hop-Off-Prinzip gilt dein Ticket den ganzen Tag, du kannst also immer wieder in einen der roten Busse der Linie 1 einsteigen.

Da Hamburg sehr flach ist, bietet sich alternativ aber auch eine Fahrradtour an. So kommt man ebenfalls sehr schnell von A nach B, hat zudem Bewegung und ist nicht an die Buslinie gebunden. Auch geführte Radtouren sind sehr beliebt und buchbar unter www.hamburg.de/gefuehrte-radtouren. **Wer's freier mag, leiht sich jedoch ein Fahrrad bei einem der zahlreichen Anbieter und lässt sich treiben! Besonders schön ist dabei die HafenCity mit ihren architektonischen Meisterleistungen oder die Speicherstadt.**

St. Pauli Landungsbrücken 10 | www.die-roten-doppeldecker.de

FOTO TIPP FOTO TIPP FOTO TIPP FOTO

Eine tolle Perspektive auf den Michel ergibt sich, wenn du durch den Bogen in der Winklerstraße 11 hindurch fotografierst.

4. MICHEL UND NACHT-MICHEL

Dass der Michel, also die St.-Michaelis-Kirche, das Wahrzeichen Hamburgs ist, weiß man ja. Wer erstmals nach Hamburg kommt, muss ihn besuchen, und ihn zu finden, ist nicht gerade schwer – den 132 m hohen Turm mit kupfernem „Helm" und riesiger Turmuhr kann man einfach nicht übersehen. Der Innenraum – prachtvoller Barock aus dem 18. Jh. – lohnt unbedingt einen Besuch, ebenso wie die Krypta, in der rund 2000 Hamburger Bürger bestattet wurden.

Auf keinen Fall die Turmbesteigung auslassen! Von oben bieten sich ein spektakulärer Blick auf die Stadt und natürlich einmalige Foto-Motive – hoch kommt man über 452 Stufen (oder per Fahrstuhl). Und das sogar abends: **Der „Nachtmichel" (Aufstieg rechts vom Haupteingang) hat im Sommer bis mindestens 21.30 Uhr geöffnet, oft sogar bis 23 Uhr. Oben gibt es eine kleines gewärmtes Turmzimmer, etwas zu trinken – und den großartigen Nachtblick!** Werktags um 10 und 21 Uhr und sonntags um 12 Uhr bläst zudem der „Michel-Türmer" seit Jahrhunderten einen Trompeten-Choral.

Englische Planke 1 | Bus: Michaeliskirche | www.nachtmichel.de

Augen auf! Denn hier lauern an jeder Ecke coole Graffiti, die sich super als Foto-Motiv eignen.

5. SPAZIERGANG ZUM UND DURCHS GÄNGEVIERTEL

Ausgehend vom Michel solltest du zunächst den Großneumarkt (siehe Nr. 6) ansteuern. Auf dem Weg zur Laeiszhalle, bei ihrer Eröffnung 1908 das größte und modernste Konzerthaus Deutschlands, kommst du an vielen netten Cafés und der Hamburger Handelskammer vorbei. Von der Laeiszhalle ist es wirklich nur noch ein Katzensprung zum Gängeviertel, den Überresten des einstigen Armenviertels Hamburgs mit hübschen Gässchen und Hinterhöfen. Folge einfach von der roten Wasserträger-Skulptur an der Laeiszhalle aus der auf den Boden gemalten roten Linie, dem „Hummel-Bummel-Pfad". Damals verhinderten übrigens viele Künstler & Kreative den geplanten Abriss des Gängeviertels mit Erfolg. Und auch heute geht es so rebellisch zu wie es schon immer war! **Viele Kreative leben hier – es gibt Ateliers, Lesungen und Konzerte. Außerdem finden sich überall Graffitis, Urban-Gardening-Projekte und süße Cafés, Bars und Restaurants.**

Valentinskamp | U-Bahn: Gänsemarkt

6. GROSSNEUMARKT

Dieser Teil Hamburgs, der vom „Großen Brand" (mehr dazu bei Nr. 8) und den Zerstörungen des Zweiten Weltkriegs weitgehend verschont wurde, hat beinahe kleinstädtisches Flair. Er ist das Zentrum der Neustadt, des „Dorfs zu Füßen des Michels", wie es die Anwohner oft bezeichnen. Einst war der „Große Neumarkt" Sammelplatz der Hamburger Bürgerwache. Heute gibt es hier viele gute Kneipen; im Sommer kannst du dort romantisch unter Lichtern schmausen. Angeblich wurde übrigens hier – und nicht etwa in Berlin! – 1947 die Currywurst erfunden.

Etwas westlich vom Großneumarkt lohnt die Peterstraße mit hübsch restaurierten Fachwerkhäusern und dem „Komponistenquartier", einem tollen Foto-Spot, einen Abstecher.

Großneumarkt | S-Bahn: Stadthausbrücke

Am eindrucksvollsten lässt sich das Chile-Haus wohl dort fotografieren, wo sich Pumpen-Straße und Burchardstraße kreuzen. So kannst du das berühmte spitze Eck optimal ablichten.

FOTO TIPP FOTO TIPP FOTO TIPP FOTO TIPP FOTO

7. KONTORHAUSVIERTEL

Mächtige Klinkerarchitektur der 1920er-Jahre – für Architekturfans ein Muss! Hier, zwischen Mönckebergstraße und Speicherstadt, stehen so gewaltige Bauten wie der Meßberghof (ehemals Ballinhaus mit wunderschönem Treppenhaus) und der Sprinkenhof, einst das größte Bürogebäude der Welt. Dessen rundes, sich durch neun Stockwerke windendes Treppenhaus ist ein Meisterwerk! Du kannst es sogar anschauen und natürlich fotografieren. **Egal ob du es frontal, von unten nach oben oder von oben nach unten fotografierst – es ergeben sich immer spannende Perspektiven.** Als Bürogebäude beherbergt der Sprin-

kenhof eine Menge Firmen, eine Zugangskontrolle gibt es aber nicht. Auch der Mohlenhof und das spitz wie ein Schiffsbug zulaufende Chilehaus (UNESCO-Welterbe) gehören zur städtebaulichen Gesamtanlage des Kontorhausviertels, eines der Wahrzeichen Hamburgs. Ebenfalls ein beliebter Foto-Spot ist der Laeisz-Hof, den man am besten von unten nach oben fotografiert.

Sprinkenhof: Burchardstr. 4–6 | Chile-Haus: Fischertwiete 2A | U-Bahn: Steinstraße oder Meßberg

8. DEICHSTRASSE

„Venedig des Nordens" nennt sich Hamburg heute stolz. Dass die Stadt wurde, wie sie ist, „verdankt" sie einer der größten Katastrophen ihrer Geschichte, dem „Großen Brand" vom 5. Mai 1842. Eine glimmende Zigarre löste damals ein Inferno aus, dem ein Viertel der ganzen Stadt zum Opfer fiel. Von der Deichstraße ging der Brand aus: „Fuer! Fuer in de Diekstraat" hörte man um 1 Uhr morgens den Nachtwächter rufen. Drei Tage wütete der Brand, danach lag Alt-Hamburg in Schutt und Asche. Unter dem Hamburger Architekten und Stadtplaner Alexis de Chateauneuf erstand danach eine neue Stadt. **In der Deichstraße – heute auch als Schlemmermeile bekannt – sind dagegen einige althamburgische Bürgerhäuser original erhalten geblieben, fast sieht es hier aus wie vor dem Brand. Mit etwas Fantasie kannst du dir also hier das Hamburg des 17. Jh. vorstellen.** Schlendert man vom Hafen hierher, fällt der Zeitsprung noch mehr auf: Plötzlich endet das coole und moderne Hafengebiet und kleine Cafés laden in barockem Ambiente zum Verweilen ein.

Deichstraße | U-Bahn: Rödingsmarkt

FOTO TIPP FOTO TIPP FOTO TIPP FOTO

Besonders von der anderen Fleetseite aus lässt sich die Rückseite der Deichstraße toll fotografieren.

TIPP
Im Milch Feinkost
gibt es echt italie-
nischen Kaffee mit
leckeren Croissants
und Kuchen. Auch die
Umgebung im coolen
1950er-Jahre-Style ist
zum Anbeißen!

9. PORTUGIESENVIERTEL

Seinen (inoffiziellen!) Namen verdankt das Viertel Gastarbeitern aus
Portugal, die in den 1960er-Jahren
hierher zuwanderten. Klar also, dass
viele Portugiesen in diesem Viertel
rund um Hafen und Landungsbrücken
leben. Heute ist es aber multikulti –
mit südländischem, vor allem iberi-
schem Schwerpunkt, entsprechendem
Lebensgefühl und jeder Menge süd-
ländischer Verlockungen für den Gau-
men. **Einen kühlen brasilianischen
Caipi in der Hand und leckere Tapas
dazu – was will man mehr!** Ein wirklich charmanter Kontrast zum Hanse-
atischen!

Karpfangerstraße 20 | Station: Baumwall oder
Landungsbrücke

BUCKET LIST
Portugiesenviertel

Lecker portugiesisch geschlemmt?
Als kleine Erinnerung zeichne dein Tapas-Menue.

10. ALSTERARKADEN

Noch mehr südländisches Flair? Die vornehmen Alsterarkaden mit ihren weißen Rundbögen am Wasser lassen an Venedig denken, auch wenn hier ganz sicher seltener die Sonne scheint als dort. Um die Ecke vom Jungfernstieg gelegen, gelten sie als eine alte Flaniermeile Hamburgs mit vielen Markengeschäften, aber auch exklusiven Läden sowie schnuckeligen Cafés und Restaurants. Nimm dir die Zeit und gönn dir hier einen Tee oder Kaffee – und genieße den einfach umwerfenden Blick auf das prachtvolle Rathaus mit seinem 112 m hohen Turm. Ein super Foto-Motiv!

Auf jeden Fall solltest du auch einen Blick ins Rathaus hinein werfen! Die frei zugängliche „Diele", eine große Säulenhalle, ist einfach umwerfend! Und wenn du Zeit hast, mach eine Führung auf Plattdeutsch mit (wer's versteht: vorher anmelden! www.

FOTO TIPP FOTO TIPP FOTO TIPP FOTO TIPP

hamburg.de/rathausfuehrung). Am schönsten ist aber wahrscheinlich die Sicht von der Brücke des Jungfernstiegs auf die Arkaden. Hier lassen sich hübsche Fotos von dir und der tollen Kulisse machen. **Dazu stellst du dich am besten an das erste Drittel der Brückenbrüstung und lässt dich schräg zu den Arkaden hin fotografieren. Ein echter Insta-Spot!**

Rathausmarkt | U-Bahn: Rathaus

11. CHOCOVERSUM

Wer Schokolade liebt, ist hier genau richtig: Im Chocoversum von Hachez erfährst du auf informative und charmante Weise alles zu Geschichte, Herkunft und Herstellung der süßen Versuchung. Während der 90-minütigen Führung ist Probieren natürlich ausdrücklich erwünscht. Zum Schluss legst du sogar selbst Hand an und kreierst deine eigene Tafel Schokolade. Ein tolles Souvenir – vorausgesetzt, du verspeist es nicht gleich vor Ort!

Meßberg 1 | U-Bahn: Meßberg

Meine Lieblingsschokolade, die ich dort kreiert habe, war aus Vollmilch mit Nougat, mit einem Topping aus getrockneten Früchten und Nüssen.

PARKS

12. RUND UM DIE AUSSEN-ALSTER

Hamburgs beliebteste Laufstrecke – für Jogger und Spaziergänger – ist wohl der Rundweg um die Außenalster. Vielleicht, weil sie ganz ohne Steigungen und Asphalt auskommt. Außerdem bist du hier in einer der prachtvollsten und elegantesten Gegenden Hamburg unterwegs. Aber nicht nur Jogger kommen hier auf ihre Kosten, denn auch Hobby-Fotografen können auf dem Weg zahlreiche tolle Perspektiven für schöne Fotos entdecken! Einmal ganz rum, hast du übrigens 7,4 km zurückgelegt. Offizieller Startpunkt ist ein Markierungsstein beim **Café Alstercliff, alle 500 m folgt ein weiterer. Die Strecke ist dir zu lang? Dann nimm einfach die kürzere und citynähere Alster-Variante um die Binnenalster!**

Neuer Jungfernstieg | Station: Jungfernstieg oder Gänsemarkt

FOTO TIPP FOTO TIPP FOTO TIPP FOTO TIPP FOTO

Beliebter Foto-Spot ist die Lombardsbrücke. Hier bekommst du dich mit Alsterfontäne und Stadtpanorama einfach perfekt drauf!

ESSEN & TRINKING

13. NORD COAST COFFEE ROASTERY

Ich liebe es, in fremden Städten die Café-Szene zu entdecken! Vor allem bei Regen gibt es für mich nichts Schöneres, als sich mit einer aromatischen Tasse Kaffee aufzuwärmen und das Treiben zu beobachten. Die Nord Coast Coffee Roastery liebe ich aber aus einem ganz bestimmten Grund: Hier gibt es einfach die besten Waffeln, die ich bisher hatte! Meine Lieblingsvariante sind die Waffeln mit frischen Früchten und Nutella.

Dazu empfehle ich einen Kaffee aus der hauseigenen Rösterei – einfach himmlisch! Frühstücken kannst du hier auch – z. B. diverse Bowls, aber auch Bio-Rührei mit Brot. Und den Blick aufs Nikolaifleet gibt's gratis dazu.

Deichstraße 9 | S-Bahn: Stadthausbrücke | www.nordcoast-coffee.de | @nordcoastcoffee

14. ATELIER F

Hier wird ein cooler Mix aus französischen und amerikanischen Klassikern serviert – die Karte ist mit „Liberté, Egalité and Damn' Good Food" überschrieben. Hier habe ich mich wohl schon durch die gesamte Karte gefuttert und muss sagen, der Mix im Atelier F ist wirklich verdammt lecker! Es gibt Moules Frites (Miesmuscheln mit Pommes!) und Elsässer Flammkuchen, Avocado-Gurken-Tatar und Curcuma Burger, Steak Madame, Spa-

Meine Lieblingswaffeln gibt's in der Nord Coast Coffee Roastery.

Im Nord Coast gibt es natürlich auch vegane und glutenfreie Waffeln! Und auch beim Brühkaffee bleiben keine Wünsche offen. Nicht nur gibt es hier viele unterschiedliche Sorten: Man kann ihn sich auch auf sechs verschiedene Arten aufbrühen lassen.

Leckere Salate
im Atelier F

re-Ribs, Burger, Pasta und vieles mehr zu moderaten Preisen. Das Ganze in schickem Ambiente, zentral und direkt am Wasser gelegen. Meine persönliche Empfehlung? Der Salade Vendôme (gemischter Salat mit Ziegenkäse und karamellisierten Walnüssen) oder ganz klassisch der Petit Chic mit Hühnchen (siehe Foto).

Große Bleichen 31 | Station: Jungfernstieg | www.atclierf.eu | @atelierf_hamburg

15. PREGO

Ich lieeebe italienisches Essen, so gut wie überall, wo ich ein paar Tage bin, gehe ich deswegen mindestens einmal Pizza oder Pasta essen. Das Prego, das (selbstverständlich) auch typisch italienische Fisch- und Fleischgerichte auf der Karte hat, ist dafür eine super Adresse. Es liegt zentral, zur Binnenalster und zum Hauptbahnhof ist es jeweils nur ein Katzensprung. Mein absolutes Lieblingsgericht dort ist die Pasta Broccoli!!! Bei den Nudelgerichten kannst du zwischen Spaghetti, Penne, Tortellini und Tagliatelle wählen, dazu gibt's 17 (!) Saucen. Was will man mehr?!

Lilienstraße 36 | U-Bahn: Mönckebergstraße | www.prego-hh.de | @pregohamburg

16. PUBLIC COFFEE ROASTERS

Das Café in der Neustadt nahe dem Großneumarkt ist klein, aber fein. Hier wird Kaffee aus eigener Röstung – die findet auf der Elbe auf einem Hausboot statt – fachgerecht zu Filterkaffee gebrüht, mehrere Sorten stehen auf der Karte. Cappuccino & Co. gibt's aber auch – in Hamburg selbstverständlich auch Tee.

Übrigens: In der Speicherstadt gibt's im ehemaligen Spiegel-Haus auch eine Filiale.

Wexstraße 28 | S-Bahn: Stadthausbrücke | www.publiccoffeeroasters.com |@publiccoffeeroasters

17. BROOKLYN BURGER BAR

Früher gab's hier Aspirin, jetzt serviert das superfreundliche Team in der alten Apotheke am Domplatz Burger (auch vegane, alle mit selbst gebackenen Brötchen) und vor allem Spitzen-Drinks. Superleckere Vorspeisen, Salate und Desserts gibt's auch – eine coole Abendlocation! Nicht wundern:

Ein Schild mit dem Namen des Restaurants sucht man vergeblich, also nach einer alten Apotheke Ausschau halten.

Alter Fischmarkt 3 | Station: Jungfernstieg; Meßberg oder Rathaus | www.brooklynburger Bar.de | @brooklynburgerbarhh

18. BAREFOOD DELI

Dieses helle Bistro mit Empore gehört Till Schweiger, hin und wieder ist er sogar vor Ort. Auf der Karte steht Solides wie Salate, Pizza und Pasta, Burger und andere Fleischgerichte, Fisch kommt z. B. als Pannfischburger und Tuna Tataki auf den Tisch. Im oberen Stockwerk gibt's übrigens diverses Interieur der Marke „Schweiger" zu kaufen.

Lilienstraße 5–9 | Station: Hauptbahnhof | www.barefooddeli.de | @barefooddeli

Public Coffee
Roasters

TI BREIZH

19. TI BREIZH

Ein Hamburg-Overload droht? Da könnte ein Kurztrip in die Bretagne helfen. „Nimm dir die Zeit zu leben" lautet ein bretonisches Motto – die Crêperie am Nikolaifleet in dem hell und luftig gestalteten Kaufmannshaus mit schwimmender Terrasse (im Sommer geöffnet) lädt dazu ein. Savoir-vivre!

Deichstraße 39 | U-Bahn: Rödingsmarkt | www.tibreizh.de | @tibreizh_hamburg

20. TIPSY BAKER

Herrengedeck und Altstadt – das passt zusammen. Im Tipsy Baker (die Holzvertäfelung steht unter Denkmalschutz) ist das Herrengedeck (ein Langes, z.B ein Pils, und ein Kurzer, z.B. ein Korn) wieder en vogue, allerdings ordentlich entstaubt. Zu den zehn Zapfbieren, die es hier gibt, wird jeweils ein Schnaps empfohlen, Kümmel und Korn ebenso wie z.B. Blutorangengeist und Kakaoschnaps. Die Barkeeper wissen, welcher Kurze zu welchem Bier passt. Dazu serviert

BUCKET LIST
Tipsy Baker

Glück gehabt!

Rhyme Time! Erfinde einen Trinkspruch & trinke darauf.

Du & deine beiden Sitznachbarn trinken.

Alle trinken.

START

Mach etwas Witziges. Wer lacht, trinkt 2.

Jemand deiner Wahl trinkt 2.

Auf ex! Trinke das Glas leer.

Starring Contest! Wer als Erste/r zwinkert, trinkt.

Gehe 3 Felder zurück und trinke.

Selfie mit deinem Sitznachbarn! Trinkt drauf!

Trinke einen mit dem Ältesten im Raum.

ZIEL
Geschafft? Von wegen! Alle exen!

Alle trinken.

Erfinde eine Regel, die fortan gilt! Wer sie bricht, trinkt!

Trinke und setze eine Runde aus.

Ziehe ein Kleidungsstück aus oder trinke 4.

Wähle einen Saufkumpan, der ab jetzt mit dir trinkt.

Alle trinken.

Küss jemanden deiner Wahl oder trinke 4.

Bringt dem anderen ein Schimpfwort bei und trinkt darauf.

Gruppen-Selfie! Alle trinken.

Gehe 3 Felder zurück und trinke.

Singt ein Lied zusammen. Wer kneift, trinkt.

Glück gehabt!

T-Shirt-Tausch mit deinem Gegenüber.

Wirf eine Münze: Kopf = du trinkst, Zahl = alle anderen trinken.

Gehe so viele Felder zurück, wie deine Münze zeigt.

und Snacks: Fritten, Burger, aber auch Sushi. Wer möchte, bekommt an der Theke im Außenbereich auch Leckeres to go. Mehrmals in Hamburg.

Spitalerstraße 12 | Station: Hauptbahnhof | www.ahoi steffenhenssler.de | @ahoibysteffenhenssler

22. MI-CHII

Blaue Wandkacheln, Holzhocker, funktionale Einrichtung, aber eine Glückskatze im Fenster: Das asiatische Restaurant konzentriert sich aufs Wesentliche – nämlich auf *mi* (vietnamesische Nudeln) und *chi* (Hühnerfleisch). Etwa in Form von Popcorn Chicken, einem Mix aus Huhn mit knuspriger Tapioka-Kruste und Nudeln in Erdnuss-Sauce und Chili-Karamell. Auf Knoblauch und rohe Zwiebeln wird hier übrigens verzichtet. Dass die Inhaber in eine japanische Nudelmaschine investiert haben, um die perfekte Kombination – außen fest und innen weich – zu produzieren, schmeckt man bei jedem Bissen.

Kleine Reichenstraße 1 | U-Bahn: Meßberg | www.facebook.com/Mi-Chii |

man hier gern eine Brotzeit. Natürlich haben die Macher nicht nur an die Herren, sondern auch an die Ladies gedacht – letztere können Kreationen wie „Drunk by Chocolate" genießen.

Esplanade 30 | U-Bahn: Stephansplatz; S-Bahn: Dammtor | @tipsybakerbar

21. AHOI

Für einen Fernsehkoch wie Steffen Henssler (und seinen Bruder Peter) ist dieses Bistro durchaus ungewöhnlich. In dem Mittelding zwischen Fischrestaurant und Imbissbude gibt es nämlich bodenständiges Fast Food

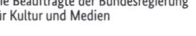

Hier finde ich alle meine Lieblings-marken unter einem Dach! Perfekt bei Hamburger Schietwetter.

SHOPPING

23. EUROPA PASSAGE

Mein Tipp für eine Shopping-Mall ist die Europa Passage – besonders wenn's regnet (was in Hamburg ja häufig passiert)! Mit über 120 Shops auf fünf Etagen ist sie Hamburgs größtes Einkaufszentrum. Beauty, Lifestyle, Mode – dort gibt's einfach alles. Die Food-Lounge unterm Dach bietet viel Auswahl und sorgt für volle Bäuche nach dem Shoppen.

Ballindamm 40 | Station: Jungfernstieg

24. NEUER WALL & GROSSE BLEICHEN

Schmuddelwetter und Shoppen? Kein Ort ist dafür wohl besser geeignet als Hamburg, die Einkaufsmetropole des Nordens. Vor allem rund um die Binnenalster gibt es überdachte Ladenpassagen und Fußgängerzonen. Wer es bei Regen darauf anlegt, kann fast ganz trockenen Fußes vom Jungfernstieg bis zur Mönckebergstraße gelangen. Am Neuen Wall und in den Großen Bleichen ist zwischen viel Glanz und Gloria „shop till u drop" angesagt, z. B. in Malls wie dem Hanseviertel und dem Hamburger Hof.

Neuer Wall | Station: Jungfernstieg

25. SPITALER- UND MÖNCKEBERGSTRASSE

Zwischen Hauptbahnhof und Rathausmarkt bilden Spitaler- und Mönckebergstraße, Europas meistfrequentierte Einkaufsstraßen mit Kaufhäusern und Bekleidungsketten, den Rahmen eines riesigen Shoppingquartiers, zu dem auch die Europa Passage (s. Nr. 23) und das ruhigere, exklusivere Levantehaus zählen.

Spitalerstraße | Station: Hauptbahnhof

Unweit der Großen Bleichen liegen die Stadthöfe – ein toller Foto-Spot!

HAMBURG
Hafen

In dem Ensemble von der ultramodernen HafenCity, dem neuen Lohsepark, der neogotischen Speicherstadt und dem Containerhafen schlägt das wirtschaftliche Herz dieser Stadt. Wenn du z. B. an der U-Bahn-Station Baumwall (U3) aussteigst, kannst du alles perfekt zu Fuß erkunden: die modernen Loftwohnungen aus viel Glas und natürlich die Elbphilharmonie, die im Kontrast zu den Backsteingebäuden der Speicherstadt stehen. Und dann ist da der faszinierende Fluss mit den Quais und den unzähligen großen und kleinen Schiffen.

> DIE ELBPHILHARMONIE BESTAUNEN

> IM AMPHIBIENBUS TOUREN

> CHILLEN AUF DEN MARCO-POLO-TERRASSEN

> THEATERREQUISITEN SHOPPEN

> ....

> ....

> ....

Bummeln, chillen und Kultur – typisch für den Hafen!

Hafen

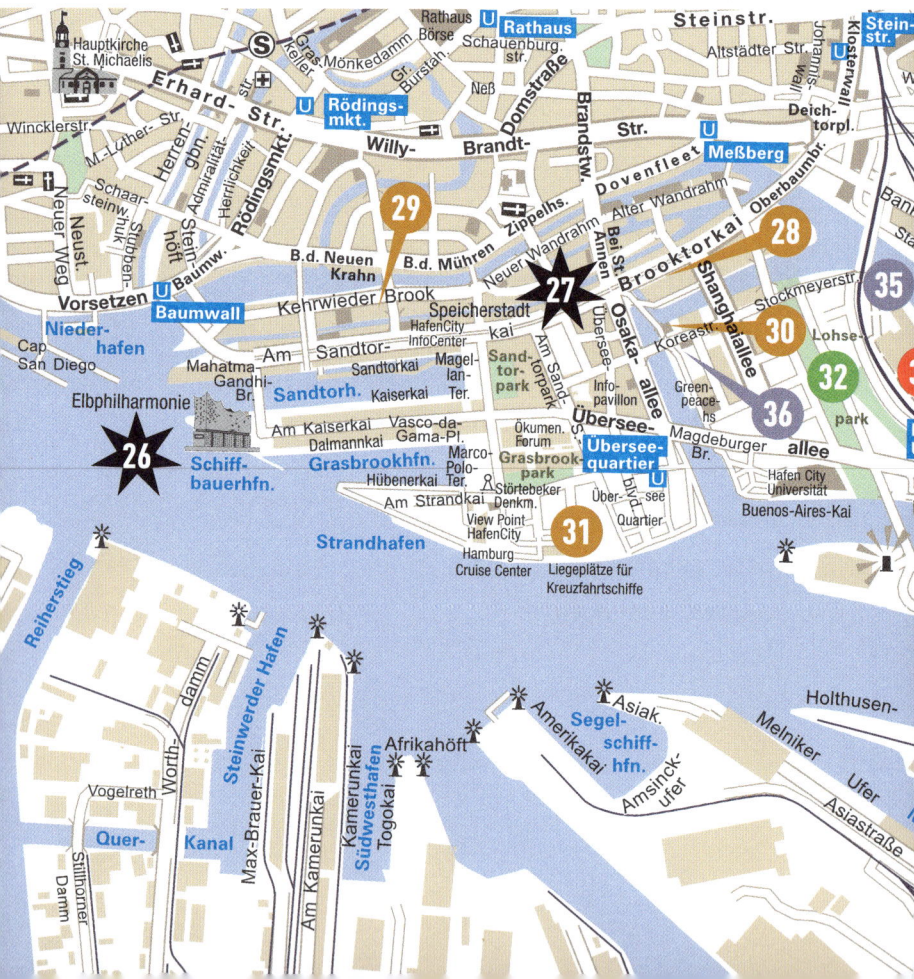

HAFEN

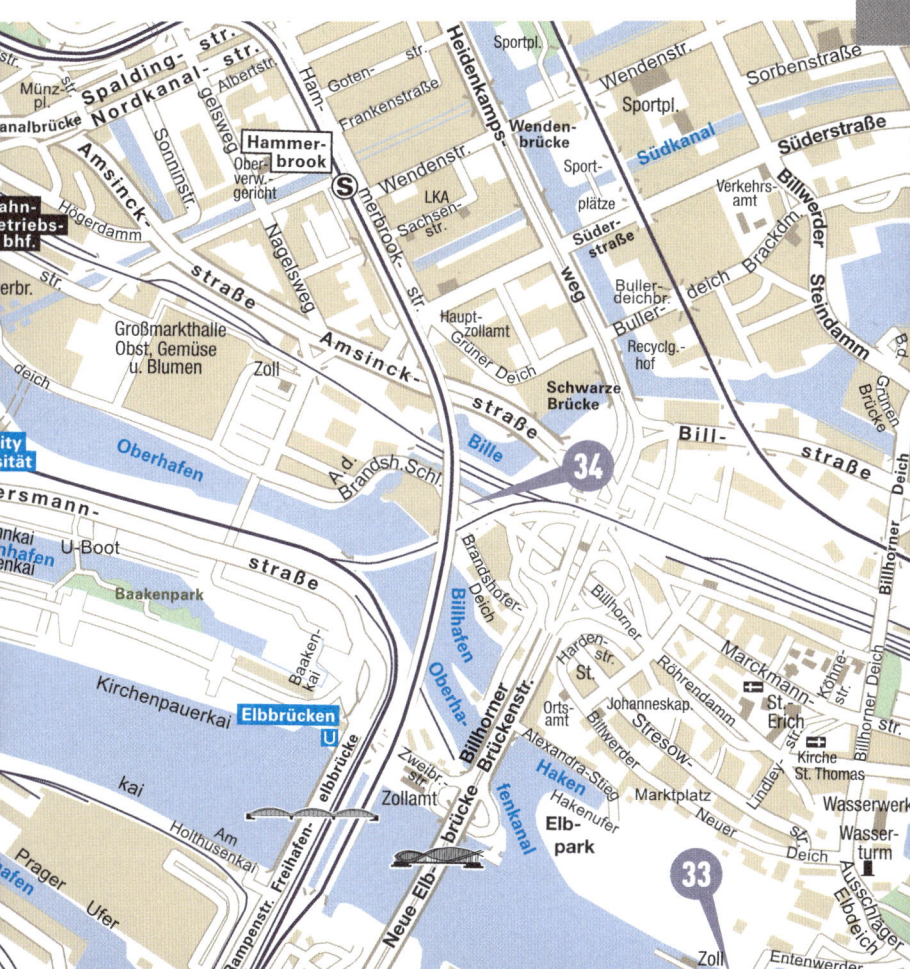

Die Elphie sieht man bei jeder Hafenrundfahrt, den passenden Spruch dazu hat der Kapitän parat! Besonders schön lässt sie sich übrigens von der Fährlinie 72 aus fotografieren.

SEHENSWERTES

26. ELBPHILHARMONIE

Die „Elphi" ist Hamburgs neuer weltbekannter Magnet, der nicht nur Musik- und Architekturfans in seinen Bann zieht, und zugleich sein neues, zigmillionen schweres Wahrzeichen. Tickets für Konzerte sind nicht so leicht zu ergattern, aber wenn du es geschafft hast, kannst du mit über 2000 Menschen im Saal die wirklich einzigartige Akustik genießen und bist zugleich nie weiter als 30 m vom Dirigenten weg. Wer keine Lust auf Klassik hat, kann den Saal aber auch bei einer der spannenden Führungen besichtigen. Das lohnt sich! Auch der Besuch der Plaza, der öffentlichen Aussichtsplattform, wird dich begeistern: Kostenlose Tickets gibt's im Besucherzentrum und am Infopoint. Vorsicht: An Feiertagen und am Wochenende kann es lange Schlangen geben. Online kannst du für 2 Euro Tickets im Voraus kaufen und hast dann ein Zeitfenster für die Besichtigung garantiert. Dann fährst du die 82 m lange, gebogene Rolltreppe hinauf zur Plaza. **Auf der Außenplaza kannst du einmal um das Gebäude herumgehen und hast einen sensationellen Blick auf den Fluss, den Hafen und die Innenstadt. Besonders abends der Hammer!**

Platz der Deutschen Einheit 4 | U-Bahn: Baumwall

BUCKET LIST

Elbphilharmonie

Zeichne die Elphie ab!

FOTO TIPP FOTO TIPP FOTO TIPP FOTO TIPP

Mein absoluter Lieblings-Spot für Fotos ist die Poggenmühlenbrücke, von der aus man das wunderschöne Wasserschloss, die Fleete und die Speicherstadt fotografieren kann – vor allem abends ein Traum!

27. SPEICHERSTADT

Besonders am Abend, wenn die Lagerhäuser aus Backstein vom Hamburger Lichtkünstler Michael Batz in Szene gesetzt werden, zieht dich das UNESCO-Weltkulturerbe voll in seinen Bann. Ich liebe es, durch die schönen Straßen und Gassen zu schlendern und diese einmalige Location zu bestaunen oder hier und da Fotos zu machen. Wenn es dann regnet, setze ich mich zur Belohnung in die Nord Coast Coffee Roastery (Nr. 13) und genieße eine heiße Tasse Schokolade. Hier in der Speicherstadt, im größten Lagerhausensemble der Welt, wurden früher die Waren zwischengelagert, bevor sie weitertransportiert wurden. **Noch heute ist hier das größte Tep-pichlager der Welt zu finden, und es werden weiterhin Gewürze, Tee, Kaffee und Kakao umgeschlagen.** Ende des 19. Jh. wurde mit dem Bau dieser gewaltigen Lagerhäuser begonnen, die auf Tausenden von Eichenpfählen stehen. Beim Bummel durch das rund 25 ha große Areal wirst du zudem geniale Museen, sensationelle Hinterhöfe, die Kaffeerösterei, angesagte Galerien etc. entdecken. Ein Highlight ist das Miniatur Wunderland, eine Modelleisenbahn-Landschaft der Superlative, die viele Regionen der Welt mit ihren Sehenswürdigkeiten im Maßstab 1:87 abbildet. Nicht nur Eisenbahnfreunde pilgern hierher.

Alter Wandrahm 16 | U-Bahn: Meßberg; Metro-Bus: Singapurstraße

BUCKET LIST
Speicherstadt

Du warst da?
Hier ist Platz für ein Foto.

Ich in der Speicherstadt

28. HAFENCITY RIVERBUS

Diese Rundfahrt der Extraklasse in einem echten Amphibienfahrzeug zeigt dir die Speicherstadt, die HafenCity, die Hamburger Skyline und noch einiges mehr von ihrer besonderen Seite. Wenn der Bus von der Straße in den Fluss rollt, explodiert die Stimmung in dem Gefährt. Du fährst ca. 40 Minuten auf der Straße und 30 Minuten auf dem Fluss, und unterwegs versorgt dich der Cruise Director mit allerhand wichtigen und unterhaltsamen Infos. Das etwas andere Sightseeing.

Brooktorkai 16 | U-Bahn: Meßberg; MetroBus: Singapurstraße

Absoluter Kreischfaktor, sobald der Bus plötzlich ins Wasser fährt und zum Schiff wird!

*Spar-Tipp:
Mit dem Hamburger City Pass
kommst du kostenlos rein!*

LOW $ BUDGET

29. HAMBURG DUNGEON

Wenn du den Nervenkitzel liebst, bist du in dieser modernen Geisterbahn genau richtig. Alles, was in Hamburgs Geschichte so richtig schön gruselig war, wird hier ziemlich drastisch inszeniert: **Liveshows, Spezialeffekte und wilde Fahrattraktionen entführen dich in die Zeit der Pest, der großen Flut, zum großen Brand von Hamburg, zur Hinrichtung des Piraten Klaus Störtebeker und setzen dich auf die Anklagebank der Inqui**sition. Dazu betritt man das berüchtigte Gängeviertel, wird „gefoltert" und versucht die Flucht aus einem Gefängnis – 600 Jahre dunkle Hamburger Geschichte werden hier lebendig. Dafür sorgen professionelle Schauspieler, die historische Rollen spielen und die Besucher mit einbeziehen. Da sind 90 Minuten Schreien und Lachen vorprogrammiert!

Kehrwieder 2 | MetroBus: Auf dem Sande

*Schaurig schöner Geschichts-
unterricht!*

30. INTERNATIONALES MARITIMES MUSEUM (IMMH)

Schon das imposante zehnstöckige Backsteingebäude von 1878, der Kaispeicher B, ist einen Besuch wert, denn es gilt als ältestes Gebäude der Speicherstadt. In dem wunderbar restaurierten Speicherbauwerk ist die private Sammlung von Peter Tamm untergebracht, dem ehemaligen Chef des Axel-Springer-Verlags: Dazu gehören unzählige Modellschiffe, aber auch gewaltige Schiffsteile, U-Boote und Uniformen… vieles ist interaktiv! Hier erfährst du eindrucksvoll, wie die Menschen in allen Zeiten auf den Meeren mit den Elementen gekämpft haben und welche technischen Errungenschaften die Schifffahrt erleichtert haben. **An einem Fahrsimulator kannst du sogar selbst ein Schiff durch den Hafen steuern.**

Koreastraße 1 | Bus: Koreastraße

31. DURCH DIE HAFENCITY SCHLENDERN

Hier erlebst du eines der weltweit interessantesten Vorhaben zur Stadtentwicklung am Wasser: Sei 1997 werden hier Hafenflächen in neue Wohnquartiere umgewandelt. Am Grasbrook liegt ein bei jungen Familien beliebtes Quartier mit dem Grasbrookpark. **An sonnigen Tagen laden dessen Marco-Polo-Terrassen am Hafen zum Chillen ein und man sieht den einen oder anderen Skater seine Tricks üben.**

Dann flanierst du zum Sandtorhafen: An einer hübschen Pontonanlage haben ein paar alte Schiffe festgemacht, um die sich die Ehrenamtlichen der Stiftung Hamburg Maritim kümmern – ebenfalls ein toller Foto-Spot mit einmaliger Stimmung. Danach führt dich der Bummel ins erste fertige Quartier von 2009 am Sandtorkai/Dalmannkai, wo das berühmteste Prestigeprojekt, die Elbphilarmonie, steht. Unterwegs erlebst du ein Gewimmel von Barkassen, Fähren und Schleppern, du siehst die Werftkräne im Hintergrund und hörst die Möwen schreien, während das Wasser der Elbe glitzert. Wenn du genug von der modernen Archtektur mit viel Glas und Beton hast, spazierst du in die alte Speicherstadt mit ihren Lagerhäusern aus Backstein, wo der Hauch der Vergangenheit weht.

Großer Grasbrook | Station: Am Sandtorkai

FOTO TIPP FOTO TIPP FOTO TIPP FOTO

An den Marco-Polo-Terrassen lassen sich gerade zum Sonnenuntergang tolle Fotos knipsen. Dank der vielen Cafés & Kioske drumrum lässt sich das toll mit einem kühlen Bier verbinden.

HAFEN

PARK

32. LOHSEPARK

Von Wasser zu Wasser zieht sich wie ein Band das moderne, grüne Herz der HafenCity: Und die gigantische U-Bahn-Station (HafenCity-Universität) mit ihren spektakulären Licht-Musik-Konzerten – samstags und sonntags zu jeder vollen Stunde – erinnert auch etwas an das große Vorbild, den Central Park in New York. Mobile Sitzmöbel, lange Bänke und Treppen laden zum Relaxen unter den zahlreichen Bäumen ein. Wenn du es etwas sportlicher magst, gesellst du dich auf den Trampolinen unter den Apfelbäumen zu den Kids aus den Häusern rundum.

Doch auch ein düsterer Aspekt der deutschen Geschichte wird im insgesamt 4 ha großen Lohsepark sichtbar: Mit dem Ort des Gedenkens „denk.mal Hannoverscher Bahnhof" wird der Juden, Sinti und Roma gedacht, die von hier in die KZs deportiert wurden.

Am Lohsepark | U-Bahn: HafenCity-Universität

Perfekt, um sich in den Cafés rundherum etwas Leckeres auf die Hand zu holen und es hier gechillt in der Sonne zu verspeisen!

ESSEN & TRINKEN

33. ENTENWERDER 1

Auf einem Ponton im Stadtteil Rothenburgsort findest du das Café Entenwerder 1. Hier sitzt du auf Möbeln aus alten Hafenpfählen (Duckdalben), lässt den Blick über die Brücken und das Wasser schweifen und nippst an einem leckeren Kaffee, dessen Bohnen ganz in der Nähe geröstet wurden. Wenn du Lust hast, schnapp dir ein Bike und fahre die rund 2 km lange Strecke von der City hierher auf dem genialen neuen Radweg. Im Park Entenwerder nimmst du die mit dem Blumenwagen gekennzeichnete Brücke – und landest direkt in dem inzwischen mega-beliebten schwimmenden Café.

Entenwerder 1 | Busse: Rothenburg Marktplatz oder Billhorner Deich | www.facebook.com/entenwerder1 | @entenwerder1

FOTO TIPP FOTO TIPP FOTO TIPP FOTO TIPP

34. GROSSTANKSTELLE BRANDSHOF

Vor der denkmalgeschützten, restaurierten Tankstelle Brandshof stehen mittlerweile die Oldtimer Schlange. Im Erfrischungsraum bekommst du im Charme der 1950er-Jahre ab 6 Uhr (unter der Woche) Kaffee, Frühstück sowie kleine und größere köstliche Speisen und Kuchen. Außerdem ein total beliebter Foto-Spot im Fifties-Style!

Billhorner Röhrendamm 4 | Bus: Billhorner Röhrendamm | www.tankstelle-brandshof.de

35. OBERHAFEN-KANTINE

In einem kleinen, ziemlich schiefen Häuschen unter einer Brücke lockt die Oberhafen-Kantine mit typischen Hamburger Gerichten, z. B. mit einer Probierportion Labskaus samt Wachtelei und Rollmops. Auch die Frikadellen sind bekannt und beliebt. Eine bunte Mischung aus allem wird dir beim Oberhafen-Kantinen-Abendbrot serviert. Natürlich gibt es mittags aber auch Kaffee und Kuchen!

Stockmeyerstraße 39 | U-Bahn: Meßberg | www.oberhafenkantine-hamburg.de

36. SURF KITCHEN

An den langen Holztischen drinnen und auf der großen Terrasse draußen geht's in diesem Mix aus Restaurant und Bar zwanglos zu – surfermäßig eben. Hier (Filiale in der Hongkongstraße 2) gibt's für jeden Hunger etwas – Snacks, Salate, Pizzen, Burger (auch veggie!) und dazu das passende warme oder kalte Getränk. Bei gutem Wetter kannst du hier gechillt an der frischen Luft sitzen und es dir mit Blick auf die HafenCity gutgehen lassen!

Am Kaiserkai 1 | Bus: Magellan-Terrassen | www.surfkitchen.de

SHOPPING

37. HANSEATISCHE MATERIALVERWALTUNG

Dieser gemeinnützige Fundus im Oberhafenquartier der HafenCity verkauft oder verleiht Ausrangier-

tes aus Theater- und Filmproduktionen. Die Mitglieder sammeln dafür z. B. nach einem Filmdreh in Hamburg viele skurrile und schöne Dinge ein, die sie für verkäuflich halten. Im Angebot könnte z. B. ein kopfloser Pirat sein, der sich super an Halloween macht. Oder wie wär's mit einem alten Telefon mit Wählscheibe? Könnte sein, dass James Bond im Atlantic Hotel, dem „Weißen Schloss an der Außenalster", damit telefoniert hat. Du kannst jederzeit hier vorbeikommen und in den Schätzen stöbern. Der Preis (leihen oder kaufen) richtet sich nach dem Zweck – wer für eine gemeinnützige Veranstaltung etwas sucht, wird recht wenig dafür bezahlen. Aber schon wegen der Location ist die HMV einen Besuch wert!

Stockmeyerstraße 41 | U-Bahn: Steinstraße

LOW $ BUDGET

HAMBURG

St. Pauli

In diesem berühmten Viertel mit der verruchten Reeperbahn und dem Kiez trifft sich das Partyvolk in Clubs, Bars und Kneipen, die den Sexclubs fast den Rang abgelaufen haben. Zudem gibt es hier inzwischen ein großes Kulturangebot. Touristen stürzen sich in den Trubel der Landungsbrücken, eine zentrale Anlaufstelle des Hamburger Hafens, wo die Hafenrundfahrten starten.

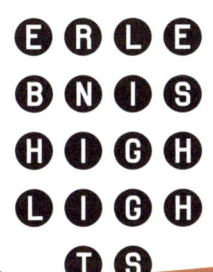

ERLEBNIS HIGHLIGHTS

ST. PAULI

> **DURCHS LICHTERMEER SCHIPPERN**

> **DIE NÄCHTE DURCHFEIERN**

> **BEI PROFIS DESSOUS SHOPPEN**

> **UNTER DER ELBE SPAZIEREN**

> ....

> ....

> ....

Nicht nur auf der Reeperbahn pulst hier das Leben!

St. Pauli

SEHENSWERTES

38 ABENDLICHE LICHTERFAHRT
39 LANDUNGSBRÜCKEN
40 MUSICALS AM HAFEN
41 CAFÉ IM ENERGIEBUNKER
42 ALTER ELBTUNNEL
43 REEPERBAHN
44 GROSSE FREIHEIT
45 DAS BESTE FISCHBRÖTCHEN

PARKS

46 PARK FICTION

ESSEN & TRINKEN

47 STRANDPAULI
48 SKYLINE BAR 20UP
49 CUNEO
50 KLEINES PHI
51 HOME OF BURLESQUE
52 MAREND
53 PIZZERIA ALT HAMBURG

SHOPPING

54 RINDERMARKTHALLE ST. PAULI
55 REEPERBAHN

FOTO TIPP FOTO TIPP FOTO TIPP FOTO

Vom Wasser aus scheint die Stadt zu glitzern und viele Wahrzeichen werden wunderschön beleuchtet. Für Foto-Geübte ergeben sich dann spannende Foto-Motive!

SEHENSWERTES

38. ABENDLICHE LICHTERFAHRT

Was tagsüber schon toll ist, wird nachts zum einmaligen Erlebniss! Diese romantische Tour startet in St. Pauli an den Landungsbrücken, führt vorbei an den Highlights von Speicherstadt und HafenCity und zeigt sie von ihrer schönsten Seite: **Du nimmst abends eine Barkasse, die dann 60 bis 90 Minuten durch das Lichtermeer des Hafens schippert und jede Menge tolle Ausblicke auf die Sehenswürdigkeiten und das Lichtermeer am Ufer bietet.** Dabei fährst du auch vorbei an beleuchteten Speichern und Containerbrücken, durch schmale Fleete und Kanäle. So kannst du einen großen Teil der Stadt perfekt und total gemüt-

lich erkunden und bekommst obendrein jede Menge Infos.

Bei schönem Wetter und geeigneten Temperaturen fährt die Barkasse offen, bei Kälte wird geheizt. Die Abfahrtszeiten orientieren sich übrigens am Sonnenuntergang und werden monatlich veröffentlicht (siehe Website).

Bei niedrigem Wasserstand kann die Speicherstadt nur relativ kurz angefahren werden. Dann nimmt die Barkasse Kurs auf die Container-Verladestationen, deren mächtige, hoch aufragende und spektakulär beleuchtete Anlagen ebenfalls wunderbare Ausblicke garantieren.

St. Pauli-Landungsbrücken 10 | S-Bahn: Landungsbrücken | www.lichterfahrt-hamburg.de

BUCKET LIST
Lichterfahrt

*Die schönsten Lichterbilder auf deiner Fahrt
(notfalls reicht dein Barkassen-Ticket).*

39. LANDUNGSBRÜCKEN

Unzählige Barkassen starten an diesem Wasserbahnhof zu den Hafenrundfahrten, die Kapitäne werben lauthals für ihre Touren, Fähren und Schlepper ziehen ihre Bahnen, Möwen kreischen, das Wasser glitzert: Hier tauchst du ein in den Trubel der St.-Pauli-Landungsbrücken, wo niemals Langeweile aufkommt und ein rauher Ton herrscht. Auch die Schaufelraddampfer und der Helgoland-Katamaran legen übrigens hier an. Auf einer Hafenrundfahrt wechselst du die Perspektive und kommst ganz nah an die Ozeanriesen, die riesigen Containerschiffe, heran. Außerdem hat der Kapitän echt spannende Infos auf Lager. **Wenn du kurz mal durchschnaufen möchtest, kauf dir einfach ein leckeres Fischbrötchen und steige ein paar Stufen hoch – von hier kannst du das Treiben, die Pontons und das Abfertigungsgebäude mit den grünen Kuppeln ganz gemütlich und in Ruhe betrachten.** Der Pegelturm zeigt die Uhrzeit sowie den Wasserstand der Elbe an. Auf der neu gestalteten Promenade Richtung Innenstadt kannst du an den Museumsschiffen „Cap San Diego" an der Überseebrücke und an „Rickmer Rickmers" vorbei zur Hafen-City flanieren.

St. Pauli Landungsbrücken | S-Bahn: Landungsbrücken

> *TIPP*
> Auf dem Großsegler Rickmer Rickmers wird das einstige Seemannsleben lebendig! Von der schrulligen Schiffpoststelle aus kann man immer noch Postkarten versenden.

40. MUSICALS AM HAFEN

Wenn du Musicals liebst, bist du in Hamburg genau an der richtigen Adresse: Das berühmteste ist wahrscheinlich „Der König der Löwen", der noch immer ein Publikumshit ist. Disneys Werk erweckt mitten im Hamburger Hafen die afrikanische Savanne zum Leben. Mit faszinierenden Masken und Kostümen sowie einer unvergesslichen Musik wird der Traum von Afrika dich in seinen Bann schlagen. Ganz toll ist auch die Lage des Musicaltheaters im Hafen: Nimm einfach das Shuttle-Schiff von der Brücke 1 der Landungsbrücken, das dich kostenlos und schnell auf die andere Elbseite bringt. **Damit wird schon die Anreise zum Happening!** Natürlich gibt es auch noch andere tolle Musicals in der Stadt (www.stage-entertainment.de).

Norderelbstraße 6 | S-Bahn: Landungsbrücken; dann Hafenfähre: Landungsbrücke 1 (Fährlinie 73)

FOTO TIPP FOTO TIPP FOTO TIPP FOTO TIPP FOTO

Trubel, Möwen, dramatische Wolken, anliegende Schiffe und Pfützen, in denen sie sich spiegeln – auch bei Schietwetter eine tolle und typische Hamburger Foto-Kulisse

61

Mein absolutes Lieblingsmusical!

41. CAFÉ IM ENERGIEBUNKER

In einem ehemaligen Flakbunker in Wilhelmsburg, der ein gutes halbes Jahrhundert eine Kriegsruine war, arbeitet heute – topmodern – ein lokales Ökostrom-Kraftwerk (Führungen an den Wochenenden). **Ein beliebter Spot ist der Bunker aber ohne Zweifel wegen seiner genialen Aussichtsplattform in 30 m Höhe, von der du einen super Ausblick über die Elbinsel und den Hafen hast.**

Wie passend, dass es hier das mega-stylishe Café Vju gibt, mit einer gigantischen Aussicht, wo du am Wochenende ein Energiebunker-Frühstück oder sonstige kleine Speisen und Kaffeespezialitäten genießen kannst (www.vjuimenergiebunker.de).

Ob zum Frühstück, Mittagessen oder für einen Cocktail – es lohnt sich einfach immer, hierher zu kommen!

Neuhöfer Straße 7 | Bus: Reiherstieg Hauptdeich

Pssssst... Ganz nebenbei: Hier gibt's meiner Meinung nach die besten Franzbrötchen der Stadt. Frisch, warm und total zimtig-süß!

BUCKET LIST
Café im Energiebunker

Du hast unseren Tipp abgehakt?
Hier ist Platz für ein Foto.

Ich auf dem Energiebunker

FREIHEIT ATMEN

EINE FRISCHE BRISE MACHT DAS HERZ FREI

Einfach abschalten. Schnell mal aus der City flüchten und tief Luft holen. Fern vom Alltag richtig entschleunigen, alle Sorgen abschütteln und sich inspirieren lassen von einer Insel, auf die man immer wieder zurückkehren mag.

Weite blicken und Freiheit atmen – das ist Helgoland!

KOMM NACH HELGOLAND!

www.helgoland.de

Helgoland

DIE INSEL DIE ATMET

Auch das historische Gebäude, das den nördlichen Eingang zum alten Elbtunnel überdacht, die Aufzüge samt Treppen sowie der Tunnel an sich sind beliebte Foto-Motive!

FOTO TIPP FOTO TIPP FOTO TIPP FOTO TIPP

42. ALTER ELBTUNNEL

Steil führen die Stufen in dem gigantischen Treppenhaus nach unten, während alte, ächzende Aufzüge die Autos (nicht am Wochenende) in die Tiefe bewegen. Aber natürlich kannst du auch mit den Personenaufzügen nach unten fahren. Dann begibst du dich auf den Fußmarsch durch die gekachelte Röhre des gut 400 m langen Tunnels, der unter der Elbe entlangführt! Zu Fuß und mit dem Fahrrad kostet dich dieses Erlebnis keinen Cent! Nachdem du die Elbe unterirdisch gequert hast, kommst du in Steinwerder schließlich wieder ans Tageslicht, von wo aus du einen super Blick auf die Landungsbrücken und die vielen Kirchtürme der Stadt hast. Wer nur eine Strecke laufen mag, kann den Rückweg mit der Fähre Nummer 75 zurücklegen – der Anleger Steinwerder ist ganz nah am Ausgang des Elbtunnels. **Was nur die wenigsten wissen: Von hier lassen sich wohl die traumhaftesten Fotos von den Landungsbrücken und der Elphie machen! Besonders abends, wenn alles beleuchtet ist, ergeben sich einmalige Fotos!**

Bei den St. Pauli-Landungsbrücken | Bus: Steinwerder-Alter Elbtunnel

43. REEPERBAHN

Die Hafenstadt an der Elbe beherbergt mit der Reeperbahn die wohl bekannteste Party- & Rotlichtmeile Deutschlands. Viele Clubs und Kneipen sind hier legendär! Deshalb gehört ein Abend auf der Reeperbahn unbedingt dazu. Tagsüber ist hier eher wenig los, das eine oder andere Kaffee hat aber schon geöffnet. Abends blinken die Lichter und Leuchtreklamen und die Menschen strömen auf den Kiez. Wenn du alles ganz genau wissen willst oder dich nicht so richtig traust, buchst du die „Historische Hurentour", die an der Davidwache startet, inklusive Tellergericht und Hurenschnaps (www.hurentour.de) oder andere Kiezführungen wie die „Sex Crime Führung". Natürlich arbeiten hier auf dem Kiez noch einige Tausend Prostituierte, aber das Nachtleben bietet noch viel mehr: So finden sich an der Reeperbahn Nr. 1 nun die beiden modernen Tanzenden Türme mit dem Edel-Restaurant Clouds ganz oben und dem Mojo Club ganz unten. **Und zwischen den Sexshops und Nachtclubs findest du hier eine wilde Mischung aus Clubs, Kneipen, Live-Musik, Musical und Theater – und das alles ohne Sperrstunde.** Echte Matrosen wie früher sucht man hier allerdings vergebens!

Reeperbahn | S-Bahn: Reeperbahn

44. CLUBS & BARS AN DER GROSSEN FREIHEIT

Die Große Freiheit ist die berühmteste Seitenstrasse der Reeperbahn, am Wochenende drängen sich das Partyvolk und die Touristen auf ihr. Abends buhlen die Clubs & Bars mit bunten Lightshows um die Clubbing-Fans. Da wären z. B. das Superfly mit Hip-Hop, Black und RnB, das coole Monkey Clubbing mit zwei Dancefloors, das Shooters mit ausgelassener Partystimmung und einem bunten Musikmix, das Halo mit seinen verschiedenen z. T. international bekannten DJs mit House-, RnB- und Elektronik. Auch das Colibri ist zurück, und mit Partyclassics und 80er-Musik bis zu den aktuellen Charts lässt es sich super feiern. Im Indra Club 64, wo 1960 die Beatles das erste Mal auf einer Hamburger Bühne standen, laufen Funk, Soul, Blues und Rock n' Roll. **Hier kommt jeder auf seine Kosten – sogar ein paar Menstrip-Bars sind dabei (z. B. Olivias wilde Jungs)!**

Große Freiheit | S-Bahn: Reeperbahn

BUCKET LIST
Reeperbahn

BESTE KNEIPEN & CLUBS

NAME OF BAR/CLUB	RATING
	☆ ☆ ☆ ☆ ☆
	☆ ☆ ☆ ☆ ☆
	☆ ☆ ☆ ☆ ☆
	☆ ☆ ☆ ☆ ☆
	☆ ☆ ☆ ☆ ☆
	☆ ☆ ☆ ☆ ☆
	☆ ☆ ☆ ☆ ☆
	☆ ☆ ☆ ☆ ☆

Die besten Lachsbrötchen Hamburgs gibt es meiner Meinung nach in der Brücke 10!

45. WO GIBT'S DAS BESTE FISCHBRÖTCHEN?

KLEINE HAIE GROSSE FISCHE

Die Fischbude mit vollem Kiezflair: Kleine Haie Große Fische ist total auf das Partyvolk ausgerichtet und bietet freitags und samstags von 17 bis 4 Uhr geniale Fischbrötchen, super Kaffee und auch mal ein Bier zum Runterspülen. Dass Türen und Bretter des ehemaligen Erotic Art Museums und des Millerntor-Stadions hier verbaut wurden, sorgt für ein ganz eigenes Flair. Live Musik gibt's auch immer mal wieder.

Querstraße 4 | Station: Reeperbahn| www.kleinehaie-grossefische.de | @kleine_haie_grosse_fische

BRÜCKE 10

Die Bude an der Landungsbrücke 10 wird gefeiert für die großen Krabbenbrötchen und die anderen Klassiker: Matjes, Bismarck, Brathering und vie-

les mehr kommen mit Zwiebeln ins frisch gebackene Brötchen. Hier geht's immer ziemlich rund, aber das Team hat alles im Griff.

Bei den St. Pauli Landungsbrücken | S-Bahn: Landungsbrücken | www.bruecke-10.de | @bruecke10

MEERES-KOST

In diesem authentischen Laden kannst du wählen zwischen zwölf verschiedenen frisch gebackenen und belegten Fischbrötchen – alle mega köstlich. Ab 11 Uhr gibt's zudem leckere Imbissspezialitäten. Wer nicht so lange warten will, ordert das Käpt'nsfrühstück mit Schwarzbrot, Spiegelei, Räucherlachs und Nordseekrabbenfleisch – Schiff ahoi!

Große Elbstraße 135 | Bus: Große Elbstraße | www.meeres-kost.de

BUCKET LIST
Bestes Fischbrötchen

LECKERSTES FISCHBRÖTCHEN

NAME OF LOCATION AND FISH	RATING
	☆ ☆ ☆ ☆ ☆
	☆ ☆ ☆ ☆ ☆
	☆ ☆ ☆ ☆ ☆
	☆ ☆ ☆ ☆ ☆
	☆ ☆ ☆ ☆ ☆
	☆ ☆ ☆ ☆ ☆
	☆ ☆ ☆ ☆ ☆
	☆ ☆ ☆ ☆ ☆

PARKS

46. PARK FICTION

An diesem mega-schrägen Ort treffen sich „unter Palmen aus Plastik" (wie sie schon Bonez MC besingt) die unterschiedlichsten Menschen: von Kreativen aus der Werbebranche über Punker bis hin zu Eltern mit Kids. In dieser grünen Oase lässt es sich wunderbar ein Bierchen geniessen oder eine Runde Basketball wagen. Auf jeden Fall hast du einen gigantischen Blick auf den Hafen mit den Schwimmdocks der Schiffswerft Blohm+Voss. Das Ganze ins Leben gerufen hat übrigens eine Nachbarschaftsinitiative, die für einen öffentlichen Park kämpfte und so verhindern konnte, dass hier Büros gebaut wurden. Direkt am Park liegt der Golden Pudel Club.

St. Pauli Fischmarkt 27 | S-Bahn: Reeperbahn

Ich liebe es, mit ein paar Freunden abends im Strandpauli den Tag ausklingen zu lassen. Tolle Atmosphäre!

ESSEN & TRINKEN

47. STRANDPAULI

Der ewig angesagte Beachclub in Hamburg! Gleich neben den Landungsbrücken lockt der Strand mit Kaffee, Frühstück, Snacks und Salaten zur Mittagszeit, Kuchen am Nachmittag, Pizza, Burger und Nachos am Abend – und natürlich einer breiten Auswahl cooler Getränke an der riesigen Strandbar. Meine Empfehlung: der Pulled Chicken Burger mit Papas Fritas...

mhhhm! Vom Liegestuhl aus schweift der Blick über den Hafen und die vorüberziehenden Schiffe. Bei Lagerfeuer und super Musik lässt es sich hier aber auch genial feiern. Selbst im Winter ist hier einiges geboten, wenn die beheizte Hazienda mit ihrem Winterzauber, warmen Speisen und Getränken geöffnet hat. Dazu gibt's ein stilechtes Lagerfeuer und wärmende DJ-Musik.

St. Pauli Hafenstraße 89 | Bus: St. Pauli Hafenstraße | www.strandpauli.de | @strandpaulihamburg

48. SKYLINE BAR 20UP

Im 20. Stock des Empire Riverside Hotels bietet die geniale Skyline Bar 20up mit ihren Panorama-Fenstern einen atemberaubenden Blick auf Hafen und Elbe – und das aus einer Höhe von 90 m. Der Dresscode lautet hier „sportlich elegant". Ob du dich für einen Cocktail-Klassiker, einen Fancy Drink oder eine der 20up-Eigenkreationen entscheidest, dies ist das perfekte Ambiente dafür. Wenn du dir etwas Besonderes gönnen möchtest, buchst du ein Brunch & View mit den besten Köstlichkeiten aus Frühstück und Mittagessen. Das Angebot Sushi & View bietet von 18 bis 21 Uhr köstliche Sushi-Kreationen. Ist allerdings alles nicht ganz preiswert!

Bernhard-Nocht-Straße 97 | S-Bahn: Landungsbrücken; Bus: Bernhard-Nocht-Straße | www.20up.de | @20up_skylinebar

49. CUNEO

Dieser Familienbetrieb pflegt seine Tradition seit 1905, die italienischen Speisen schmecken wirklich so köstlich wie bei Mamma. Hier fühlen sich Touristen ebenso wohl wie Prominente, Leute aus der Medienszene und echte Hamburger. Das Ambiente wird geprägt durch Bilder und Skulpturen bekannter Künster und natürlich durch die legendäre Musikbox. Berühmte Klassiker-Weine und auch einige selbst importierte Tropfen sind würdige Begleiter der italienischen Köstlichkeiten.

Davidstraße 11 | S-Bahn: Reeperbahn (S1, S3) | www.cuneo1905.de

50. KLEINES PHI

Der Bar-Shootingstar in der Hamburger Szene hat sich in kürzester Zeit eine ziemlich große Fangemeinde erobert. Gründe dafür sind die toll designte, schicke Location, die aber trotzdem nicht kühl wirkt, da die Betreiber viel Herzblut in die Einrichtung gesteckt und vieles selbst gemacht haben. Dazu lassen die Cocktails keine Wünsche offen, Klassiker stehen hier ebenso auf der Karte wie Spitzenkreationen: Wenn du mutig bist, teste unbedingt den Rote-Beete-Mezcalito mit Fleur de Sel! Zu den Drinks gibt's leckere Tacos. Die Bar ist so beliebt, dass auf dem Bürgersteig davor an schönen Sommertagen mitunter ein Mega-Trubel herrscht.

Feldstraße 42 | U-Bahn: Feldstraße | www.facebook.com/kleinesphi | @kleinesphi

51. HOME OF BURLESQUE

Mitten auf dem Kiez kommen in dieser kleinen (Rotlicht-)Bar erstklassige Burlesque-Shows aus den 1920er-Jahren auf die Bühne: Das Besondere an dieser Tradition aus dem US-amerikanischen Unterhaltungstheater ist, dass sich die wunderbar tanzenden Künstlerinnen nie der allerletzten Kleidungsstücke entledigen. Wer dabei einen kühlen Kopf behalten will, bestellt einen leckeren Cocktail von der Karte. Übrigens: Viele Shows finden mittlerweile im Club Indra statt.

Gerhardstraße 7 | S-Bahn: Reeperbahn | www.home-of-burlesque.de | @home_of_burlesque

52. MAREND

„Marend" bedeutet bei den Tirolern „deftige Jause", und so geht es in diesem Restaurant tatsächlich himmlisch-deftig zu: Traumhafte Tiroler Knödel mit Spinat, Roter Beete oder Käse werden genauso serviert wie Schlutzkrapfen, Rindsgulasch und kreative Brotzeiten. Falls du noch Platz für einen Nachtisch hast, orderst du einen Obstknödel mit Früchten der Saison – zum Jodeln herrlich, genauso wie die österreichischen Kaffee-, Wein- und Schnaps-Spezialitäten! Ein zweites Marend gibt's übrigens in Elmsbüttel.

Feldstraße 29 | U-Bahn: Feldstraße | www.marend.net | @marendtirolerkueche

53. PIZZERIA ALT HAMBURG

Hier lohnt sich das Anstehen wirklich: Für 2 Euro kannst du am Fenster der Pizzeria eine runde Zwischenmahlzeit ordern, die vor deinen Augen belegt und im großen Holzofen gebacken wird. Wenn du großen Hunger hast, bestellst du am besten gleich zwei Pizzen. Vielleicht ergatterst du ja einen Platz im Außenbereich. Der etwas in die Jahre gekommene Laden hat von 12 bis 4 Uhr (!) in der Nacht geöffnet – perfekt für alle Nachtschwärmer. Im Restaurant selbst ist ebenfalls immer viel los , auch hier schmeckt es prima.

Hans-Albers-Platz 3 | S-Bahn: Reeperbahn | www.pizzeriaalthamburg.eatbu.com

SHOPPING

54. RINDERMARKTHALLE ST. PAULI

Nach dem Zweiten Weltkrieg wurde die Rindermarkthalle wieder aufgebaut, und zwar in einer solchen Dimension, dass bis zu 2500 Rinder und 3000 Schafe hier versammelt und angeboten werden konnten. Seit 1972 allerdings wurde sie langsam zur Shopping-Halle, und schließlich bekam sie ein soziokulturelles Nutzungskonzept: So haben heute im Obergeschoss Vereine, eine Moschee und die Dom-Kita ihren Sitz. Unten verkaufen über 20 Läden und Foodstände ihre bunten, kreativen Waren. Probiere unbedingt eine Trinkschokolade aus der alteingesessenen Manufaktur der Confiserie Paulsen und genieße das bunte Trei-

ben. Denn hier ist immer was los: Du kannst dich z. B. im Winter im Eisstockschießen versuchen, im Sommer gibt's Flohmärkte sowie ein Fahrradfestival und in der Marktküche finden Workshops und Küchenshows statt.

Neuer Kamp 31 | U-Bahn: Feldstraße

55. SHOPPING ENTLANG DER REEPERBAHN

Mittwochs von 16 bis 22 Uhr lockt der St. Pauli Nachtmarkt mit klassischen Wochenmarktprodukten, aber auch mit köstlichem internationalem Streetfood. Hier auf dem Spielbudenplatz direkt neben der Reeperbahn treffen sich Anwohner und After-Work-Menschen an Tischen und Bänken und die Nachtschwärmer versorgen sich noch mit dem Nötigsten. Natürlich gibt es entlang der Rotlichtmeile auch diverse Erotik-Shops, in die du ruhig mal einen Blick werfen kannst, hier braucht sich niemand zu genieren! Auch schicke und edle Dessous werden angeboten und natürlich – Souvenirs aller Art.

Reeperbahn | U-Bahn: St. Pauli

Eisstockschießen bei der Rindermarkthalle

HAMBURG
Norden

Die nördlichen Stadtteile der Hansestadt verteilen sich am westlichen Alsterufer. Dazu zählen einige der beliebtesten Viertel, z B. das Schanzen- und das Karolinenviertel mit vielen kleinen Cafés und Geschäften sowie das studentisch geprägte Grindelviertel. Die Alster sorgt für Erfrischung an heißen Tagen, und die wunderschöne Parkanlage Planten un Blomen auf den ehemaligen Wallanlagen lädt zum Spazierengehen und Chillen ein.

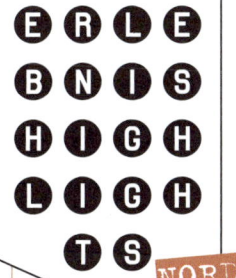

ERLEBNIS HIGHLIGHTS NORDEN

> **EIN TAG BEI HAGENBECKS**

> **SUP-ACTION AUF DER ALSTER**

> **FRÜHSTÜCK BEI HERRN MAX**

> **SHOPPEN IM KAROVIERTEL**

> ....

> ....

> ....

Hip, trendy und alternativ— ein origineller, einladender Mix!

Norden

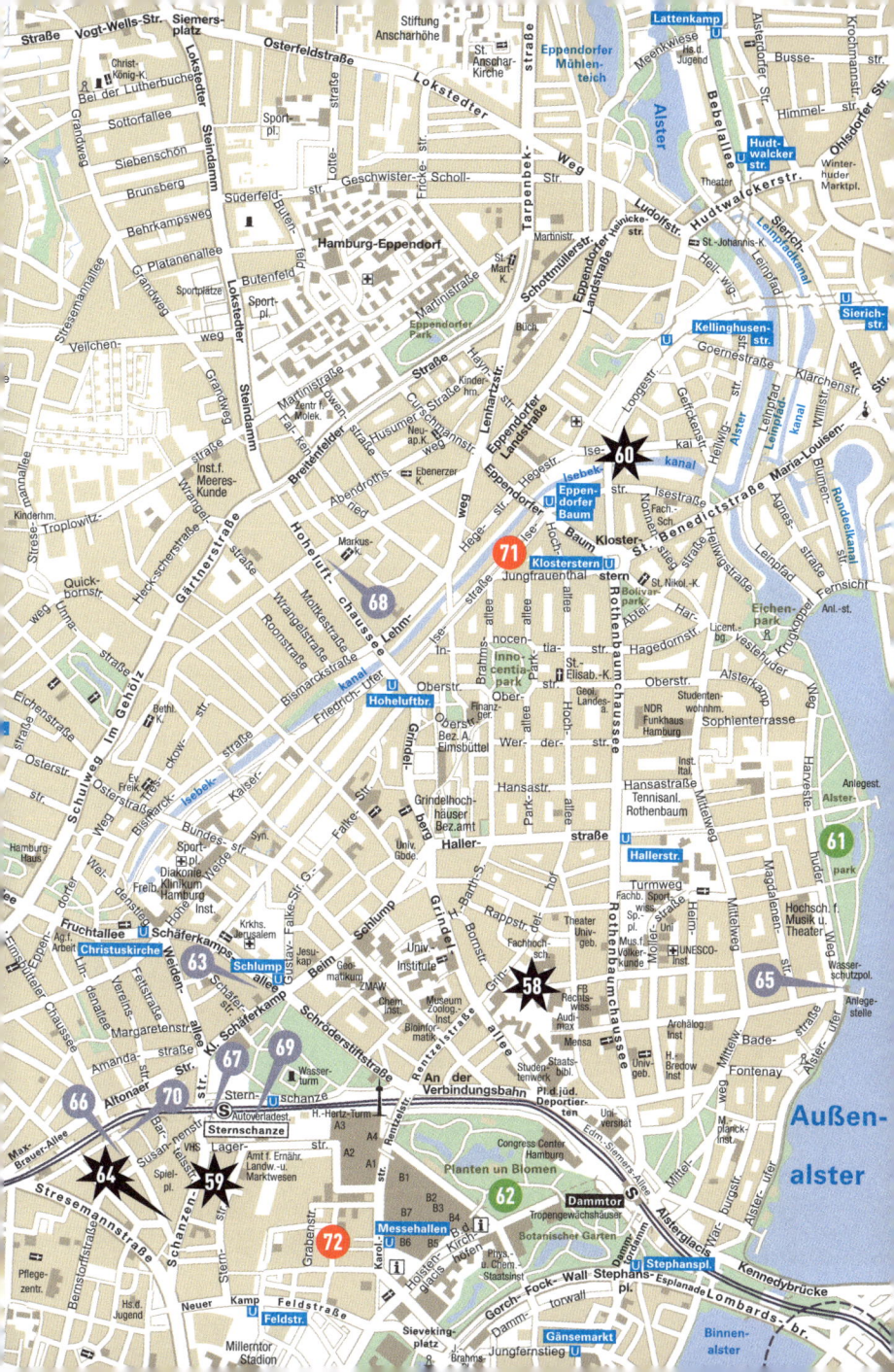

SEHENSWERTES

56. VOLKSPARKSTADION

Mit dem HSV und St. Pauli hat Hamburg zwei große Fußballvereine, für Fans ist das Derby (derzeit in Liga 2) ein absolutes Highlight. Die große Arena des Volksparkstadions, in dem der HSV zuhause ist, kannst du auch bei leeren Rängen besichtigen und dir bei einer Führung (mehrmals täglich) z.B. die VIP-Räumlichkeiten, den Pressebereich und die Gästekabine anschauen. **Wenn du dann Lust auf noch mehr HSV hast: Auf in's Museum.**

Sylvesterallee 7 | Bus: Arenen

TIPP

Das Clubheim des FC St. Pauli ist zugleich eine Kneipe mit Biergartenbetrieb. Bei Live-Übertragungen auf Großleinwand ist hier eine Mega-Stimmung!

Ich selbst bin ein kleiner Fußball-Fan und war auch schon bei einem Spiel in diesem total schönen Stadion. Für alle anderen gibt's aber auch Events wie z.B. Luke Mockridge, den ich hier schon live gesehen habe.

Hier finden sich übrigens tolle Foto-Locations!

57. HAGENBECKS TIERPARK

Hier könnte ich wirklich ganze Tage verbringen: **Der Tierpark Hagenbeck ist einer der berühmtesten und schönsten zoologischen Gärten der Welt mit einer Artenvielfalt, die sich sehen lassen kann.** Über 1850 verschiedene Tierarten aus aller Herren Ländern kannst du in den großzügigen Gehegen und in den wunderschön angelegten botanischen Anlagen bestaunen, darunter die einzigen Walrosse Deutschlands.

Im Tropen-Aquarium gehst du auf Dschungel-Expedition, kannst die exotischen Tiere aus unmittelbarer Nähe beobachten und die faszinierende Unterwasserwelt mit Haien, Rochen und anderen schillernden Meeresbewohnern bewundern. Und natürlich lassen sich überall tolle Fotos schießen!

Lokstedter Grenzstraße 2 | U-Bahn: Hagenbecks Tierpark

Viele meiner Freunde in Hamburg studieren hier, und deshalb sind wir besonders abends oft in den Kneipen unterwegs!

TIPP

Im Abaton, dem ältesten Programmkino Deutschlands, laufen coole Filme, die nicht dem Mainstream folgen.

58. CAMPUS GRINDELHOF

Das hippe und trendige Grindelviertel ist voll von den jungen Studenten der Universität und geprägt von der jüdischen Gemeinde der Synagoge in der Hohen Weide. Entschleunigung und Gelassenheit sind an jeder Ecke spürbar. Beim Bummel durch die schmalen Gassen mit hübschen kleinen Geschäften, individuellen Galerien und Art Cafés, gemütlichen Restaurants und Kneipen schaltet man ganz automatisch einen Gang runter.

Der Grindelhof versprüht eben einen ganz besonderen Charme, den ich absolut liebe. **Da vergisst man manchmal glatt, dass man gerade nicht in Berlin ist.**

Grindelhof | U-Bahn: Hallerstraße; MetroBus: Grindelhof

BUCKET LIST

Campus Grindelhof

Freie Seite für neue Freunde.

TIPP

Im Schanzenviertel findest du eine große Bandbreite interessanter Street Art. Ein echtes Highlight für Street-Art-Fans mit vielen tollen Foto-Motiven!

59. SCHANZENVIERTEL

Das Schanzenviertel, auch Sternenschanze genannt, ist ein schönes Altbauviertel mit einem ganz eigenen Charme – einer der angesagtesten Hotspots der Hansestadt. Bunt, trendig und kreativ geht es hier zu, das liegt vor allem an den vielen Künstlern, die hier ihre Werkstätten und Ateliers eingerichtet haben. Du findest aber auch unzählige individuelle kleine Läden, Boutiquen und Einrichtungsgeschäfte, die alles bieten, was man sich nur vorstellen kann. **Das trubelige Nachtleben konzentriert sich vor allem auf der Schanzenpiazza gegenüber dem Autonomen Zentrum Rote Flora und auf die umliegenden Straßen.** Hier gibt es zahlreiche szenige Cafés, Bars, Restaurants und Kneipen. Das Publikum ist querbeet gemischt, vom Hipster bis zum Öko kommt in der Schanze jeder auf seinen Geschmack.

Schanzenviertel | Bus: Neuer Pferdemarkt

BUCKET LIST
Schanzenviertel

Entwerfe dein eigenes Graffiti oder zeichne ein bekanntes ab

60. STAND-UP-PADDLING AUF DER ALSTER

Hast du Lust, in Hamburg aufs Wasser zu gehen? Dann nichts wie an die Alster und ein Stand-up-Paddleboard ausleihen! Verleihstationen gibt es viele, und einige bieten auch Kurse für Anfänger und Fortgeschrittene oder auch geführte Paddeltouren an. Für echte Cracks gibt es sogar Yoga-Kurse auf dem SUP-Board. Wenn du aber lieber auf eigene Faust ein bisschen auf der Alster herumcruisen möchtest – auch gut! Dann schnapp dir am besten für ein paar Stunden ein Board und lass es gemütlich angehen. **Vom Wasser aus bekommst du eine völlig neue Perspektive!** Eine gute SUP-Verleihstation mit Kursangebot ist z.B. der SUP Club Hamburg, es gibt aber mehrere Anbieter. Wenn dir das SUP zu unsicher ist, leihe dir ein klassisches Tretboot aus – Hauptsache, du bist dein eigener Kapitän!

Isekai 1 | U-Bahn: Kellinghusenstraße

Ich liebe es, mit dem SUP auf der Alster zu paddeln! Man kommt entspannt, aber doch erstaunlich schnell voran. Und für Abkühlung ist immer gesorgt!

BUCKET LIST
Stand up Paddling

Du hast unseren Tipp abgehakt?
Hier ist Platz für ein Foto.

Ich und mein SUP

Planten un Blomen

Zur Kirschblütenzeit erstrahlt der gesamte Park in Rosa und ist dann eine einmalige Foto-Location!

PARKS

61. ALSTERPARK

Im Alsterpark am Nordwestufer der Außenalster ist immer was los – kein Wunder, denn diese Grünanlage bietet mit ihrem grandiosen Panoramablick aufs Wasser und mit riesigen Wiesen viel Raum, um Sport zu treiben, ein bisschen mit Freunden zu chillen oder ganz einfach mal die Seele baumeln zu lassen. Pack also deinen Picknickkorb, such dir irgendwo ein schönes Plätzchen und genieß die entspannte Atmosphäre. **Wenn dir nach etwas Action ist, miete ein Boot und fahr aufs Wasser.**

Alsterpark | U-Bahn: Fuhlsbüttel; Bus: Brombeerweg-West

62. PLANTEN UN BLOMEN

Und noch ein Park! Hamburg war nicht ohne Grund im Jahr 2011 „Green Capital of Europe". Die Anlage Planten un Blomen liegt direkt in der Stadt, hat mehrere Spielplätze, eine Eislauf- und Skatebahn und ist ebenfalls wunderschön angelegt mit großen Liegewiesen, Sesseln und Bänken. Das Besondere hier: **Von Mai bis Oktober finden am See des Parks allabendlich kostenlos die Wasserlichtspiele statt – volle 30 Minuten lang kannst du dieses bunte Schauspiel mit Musikuntermalung umsonst genießen.** Eine Sache, die ich wirklich bei keinem Hamburg-Besuch auslasse!

Marseiller Str. | U-Bahn: Stephansplatz oder Messehallen; S-Bahn: Dammtor

LOW $ BUDGET

An lauen Sommerabenden komme ich gern mit Freunden hierher und wir schauen uns bei einem Bier die Lichtspiele an.

ESSEN & TRINKEN

63. PETER PANE

In diesem Burger-Laden weißt du, worauf du dich einlässt, denn das Peter Pane gibt es in vielen Städten und auch mehrmals in Hamburg. Hier bekommst du nicht nur Standard-Burger, sondern auch vegetarische oder Low-Carb-Burger mit tollen Beilagen – mein absoluter Lieblings-Salat ist die Wilde Wiese. Wenn du auf Trüffel stehst: unbedingt die Trüffelfritten probieren! Als Spar-Angebote gibt es Mittags- und Abendmenüs – mittags mit einem Warmgetränk und abends mit einem Cocktail nach Wahl.

Schäferkampsallee 1 | U-Bahn: Schlump | www.peterpane.de | @peterpane_burgergrill

NORDEN

Peter Pane

64. HERR MAX

Wenn du im Schanzenviertel unterwegs bist, ist ein Abstecher in diese
Szenekonditorei Pflicht! Schon ein
paar Meter vor dem Eingang fängt
dich ein köstlicher Kuchenduft ein,
und beim Betreten des blaugeflies-
ten Ladens (ehemaliges Fischgeschäft
eben) wirst du deinen Augen nicht
trauen: gigantische Torten vom Feins-
ten, Obstkuchen und Tartes, Prali-
nen und andere süße Leckereien, alles haus- und handgemacht! Du musst
nicht unbedingt zur Kaffeezeit her-
kommen, denn auch das Frühstück ist

hier echt 'ne Wucht. Besser kann man
den Tag nicht beginnen!

Schulterblatt 12, | Bus: Schulterblatt |
www.herrmax.de | @herrmax_konditorei

65. BODO'S BOOTSSTEG

Ein cooler Platz direkt am Wasser und
eine echte Hamburger Institution –
auf Bodo's Bootssteg mit Café und
Bootsverleih lässt sich's aushalten!
Schnapp dir am besten einen Liegestuhl, bestell dir einen erfrischenden
Drink und genieß den traumhaften
Blick auf die Außenalster. Und wenn
dich das Wasser lockt, kannst du eines

BUCKET LIST
Herr Max

Hier ist Platz für dein Traumtörtchen.

Bodo's Bootssteg

der Segel-, Tret- oder Ruderboote ausleihen und ein bisschen auf der Alster
herumschippern.

Harvestehuder Weg 1b | Bus: Harvestehuder
Weg | www.bodosbootssteg.de

66. GALOPPER DES JAHRES

Das Haus 73 bietet ein cooles Programm mit Live-Musik, Tanzcafé-
Veranstaltungen, Songwriter-Slams,
Theater- und Quiz-Abenden, Tatort-
und Fußballgucken. Die zugehörige
Kneipe heißt Galopper des Jahres und
steht vor allem bei Bier-Fans hoch
im Kurs, denn hier kann man bei einer Bierprobe verschiedene handge-
machte Craft-Biere von Hamburger
Mini-Brauereien, z. B. „Hopper Bräu"
oder „Kreativbrauerei", probieren.

Schulterblatt 73 | Bus: Schulterblatt |
www.dreiundsiebzig.de/galopper-des-jahres |
@galopperdesjahres

Bullerei

68. SOHO CHICKEN

Die Brathähnchen, die im SoHo Urban Chicken Restaurant auf den Teller kommen, sind keine 08/15-Ware. Sie schmecken so natürlich, wie Hähnchen eben schmecken sollen, und das liegt an der besonderen Qualität des Fleisches, das von einem deutschen Geflügelhof stammt, der seine Tiere mit Herz und Verstand aufzieht.

Die Einrichtung des trendig-urbanen Restaurants erinnert an den coolen Style des Londoner Stadtteils SoHo, die Atmosphäre hier ist entsprechend locker. Die Hähnchen werden in der Showküche über Lavasteinen knusprig gegrillt. Dazu gibt es Salate, Bruschetta und verschiedene Dipps.

Eppendorfer Weg 204 | Bus: Eppendorfer Weg | www.soho-chicken.de | @sohochicken

67. BULLEREI

Mitten im Schanzenviertel, in der denkmalgeschützten Viehmarkthalle des alten Schlachthofs, ist das bekannte Restaurant mit angeschlossenem Bistro und Café von Fernsehkoch Tim Mälzer und Patrick Rüther zuhause. In dem hippen Etablissement wird im Bistrobereich ein leckerer Mittagstisch, aber auch preisgünstigeres Abendessen angeboten. Das Restaurant öffnet erst abends seine Türen und hat seinen Preis. Hier kann man in einem extravaganten Ambiente im Industrial-Design tolle, exzellent zubereitete Gerichte genießen, die vom superfreundlichen Servicepersonal serviert werden.

Lagerstraße 34b | U-Bahn: Sternschanze; S-Bahn: Sternschanze | www.bullerei.com | @bullerei

69. ALTES MÄDCHEN

In den Schanzenhöfen findet ihr das Alte Mädchen, ein urig-rustikales Braugasthaus mit Kultcharakter und einer gigantischen Bierauswahl. Sage und schreibe 60 Craft-Bier-Sorten aus aller Welt stehen hier auf der Karte, ihr habt also die Qual der Wahl. Die Stimmung ist ausgelassen, das Publikum bunt gemischt, vom Studenten bis zum Schlipsträger ist jede Fraktion vertreten. Wenn ihr ein paar Gläser Bier mehr trinken wollt, als normalerweise guttut, dann bietet die Karte deftige Hausmannskost als Grundlage.

Lagerstraße 28b | U-Bahn: Sternschanze; S-Bahn: Sternschanze | www.altes-maedchen. com | @altesmaedchen.braugasthaus

70. SAAL II

Im Saal II auf dem Schulterblatt im Schanzenviertel kannst du entspannt die Nacht zum Tag machen – und wenn du am Morgen noch keine Lust hast, nach Hause zu gehen, kannst du hier praktischerweise auch noch ganz entspannt zum Frühstück bleiben. Denn die Bar, in der nachts gefeiert wird, verwandelt sich morgens in ein lichtdurchflutetes Frühstückscafé. Es gibt Brötchen mit Aufschnitt, Rührei, verschiedene Toasties, French Toast mit Bacon, dazu frisch gebrühten Kaffee und den Gratisblick auf das bunte Treiben draußen auf der Straße!

Schulterblatt 83 | Bus: Schulterbaltt | www.facebook.com/SAAL-II | @saal_ll

Saal II

Ich liebe es, sonntags durchs Karoviertel zu schlendern und hier und da einen Café zu trinken!

SHOPPING

71. ISEMARKT

Willkommen im Schlaraffenland! Der Isemarkt ist einer der größten Wochenmärkte Deutschlands und bietet mit seinen über 180 Ständen und einer Länge von fast 1 km ein unglaubliches Angebot. Hier findest du Blumen, Obst, Gemüse, Fisch, Käse und Wurstwaren sowie Lebensmittel, Gewürze und Delikatessen aus aller Herren Ländern. Tauche ein in das Gewusel und lass dich einfach von den köstlichen Düften von Stand zu Stand treiben – immer der Nase nach!

Isestraße 1–73, unter der U-Bahn-Brücke zwischen Hoheluftbrücke und Eppendorfer Baum | U-Bahn: Eppendorfer Baum

72. KARO(LINEN)VIERTEL

Im Karoviertel herrscht Multikulti pur! Es ist eine der letzten Bastionen in Hamburg, in denen die alternative Szene noch vorherrschend ist. An jeder Ecke sieht man Street-Art, über dem ganzen Quartier hängt ein Hauch von Unaufgeregtheit, die trendig-hippe Szene ist auf ihrem Vormarsch hier noch nicht so weit vorgedrungen wie in anderen Vierteln der Hansestadt. Es gibt viele kleine Cafés und Läden, die sehenswerte Rindermarkthalle mit zahlreichen Ständen und Geschäften und immer sonntags einen fantastischen Flohmarkt. Ein toller Vibe!

Karolinenviertel | U-Bahn: Feldstraße

HAMBURG

Osten

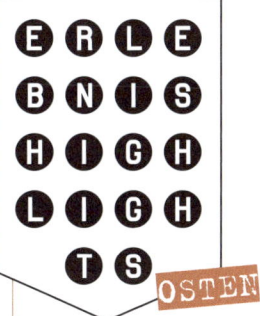

OSTEN

Hinter dem Hamburger Hauptbahnhof liegt der bunte Stadtteil St. Georg. Hier hat die Gay-Szene ihren Anker, die Christopher-Street-Day-Parade findet hier statt. Lohnend ist ein Abstecher in den Nordosten nach Winterhude zum ehemaligen Wasserturm, in dem das Planetarium eine coole Location gefunden hat. Von dessen großer Panoramaterrasse hast du einen genialen Blick auf den riesigen Stadtpark, ebenfalls ein Muss!

> **DIE „CROCODILES" SUPPORTEN**

> **IN'S WELTALL BLICKEN**

> **ZUM SZENETREFF „ALSTERPERLE"**

> **SHOPPEN IN DER LANGEN REIHE**

> ....

> ....

> ....

Multikulti, Sternenvergnügen, Eislauben – Hamburgs Osten

97

Osten

SEHENSWERTES

73 CROCODILES HAMBURG
74 PLANETARIUM HAMBURG
75 ST. GEORG

PARKS

76 STADTPARK

ESSEN & TRINKEN

77 MAD ABOUT JUICE
78 ALSTERPERLE
79 JIM BLOCK
80 FREUNDLICH + KOMPETENT

SHOPPING

81 LANGE REIHE

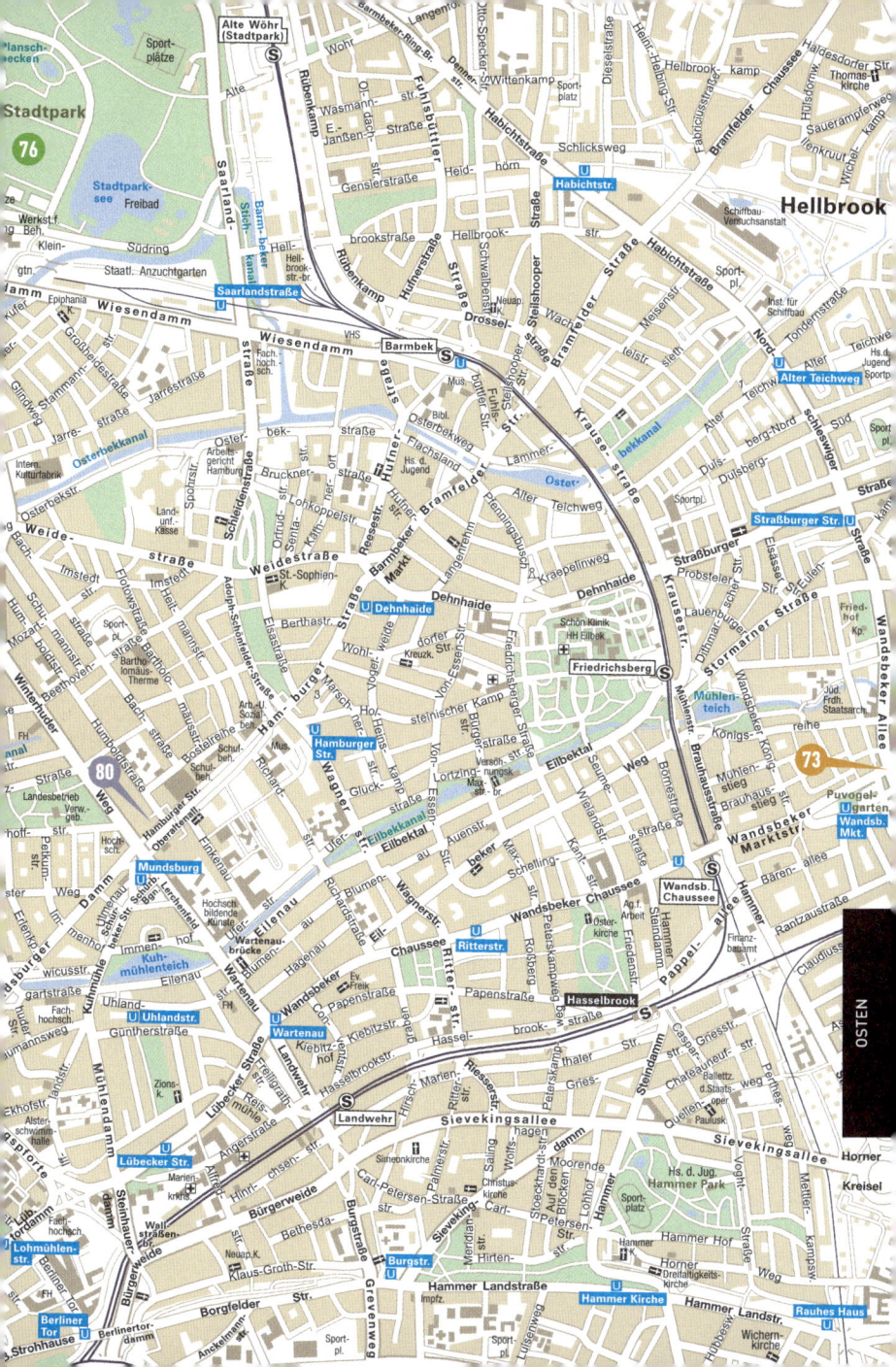

Ich bin absoluter Eishockey-Fan, deshalb gehe ich natürlich gern mit meinem Freund ins Stadion!

SEHENSWERTES

73. CROCODILES HAMBURG

Hamburg liegt am Wasser, schon vor Jahrhunderten wurden die im Winter zugefrorenen Flächen für diverse Vergnügungen genutzt. Wenn es die Stärke des Eises erlaubt, sind auch heute noch viele Hamburger z.B. auf der zugefrorenen Außenalster unterwegs – auf eigenes Risiko. Das größte Event ist (bzw. war) das „Alstereisvergnügen", ein Volksfest, das seit 1996 wegen mangelnder Tragfähigkeit des Eises nicht mehr stattgefunden hat. Wie gut, dass es Alternativen gibt! Für mich als Freundin eines Eishockeyspielers ist dieser Sport immer ein großes Thema. Hier in Hamburg gibt es mehrere Eishockey-Clubs. Gerade bei schlechtem Wetter oder in Herbst und Winter, wenn die Saison läuft, ist es ein cooles Erlebnis, sich mal ein Spiel live anzusehen – im Eisland-Bäderland Hamburg beispielsweise, wo die Hamburg Crocodiles, die in der Oberliga Nord spielen, zuhause sind. **Einfach Eislaufen kann man hier übrigens auch und anschließend an der „Polarstation" ein bisschen relaxen.**

Berner Heerweg 152 | Bus: Berner Heerweg

74. PLANETARIUM HAMBURG

Von außen wie von innen der Hammer: Das Hamburger Planetarium im ehemaligen altehrwürdigen Wasserturm aus dem Jahr 1915 ist eines der ersten Planetarien überhaupt und zählt nach seiner aufwändigen Renovierung zu den modernsten der Welt! Das grandiose Sternentheater eröffnet dir mit herausragender Technik und seinem abwechslungsreichen Spielplan mit verschiedenen Themenschwerpunkten die ganze Faszination des Weltalls. **Hin und wieder gibt es sogar coole Live-Events mit Künstlern und 3D-Shows.** Hier kannst du dich ganz entspannt zurücklehnen und auf eine unvergessliche Reise zu den Sternen begeben! Galaktisch gut :)

Linnering 1 | Bus: Ohlsdorfer Straße-Planetarium

*Bunt, bunter, St. Georg.
Ich liebe es!*

75. ST. GEORG

Hier gibt es nichts, was es nicht gibt: Multikulti, Jung und Alt, Homosexuell und Hetero, Prostitution und Studentenleben, Ökotreffs und Shishabars – das alles ist St. Georg! In der Langen Reihe, der Hauptstraße des Viertels, findest du viele kleine Cafés und hippe Bars, schrille Boutiquen, internationale Restaurants und andere coole Läden. Auch der Hamburger St. Marien-Dom steht in St. Georg – und in unmittelbarer Nachbarschaft dazu die Centrum-Moschee! **In diesem Viertel erlebst du eine einzigartige Mischung kultureller Vielfalt, verbunden mit einem offenen und toleranten Miteinander. Und das Beste: Hier ist wirklich immer was los!**

Hansaplatz | Station: Hauptbahnhof

PARKS

76. STADTPARK

Der drittgrößte Park der Hansestadt zählt zu den beliebtesten Treffpunkten der Hamburger. Hier tummeln sich bei schönem Wetter die Sonnenanbeter und „Picknicker" ebenso wie die Sportbegeisterten zum Joggen, Fußball- oder Volleyballspielen. Außerdem laden zwei XXL-Schachfelder und ein Minigolfparcours zur einen oder anderen Partie ein. Das große Highlight ist aber natürlich der Stadtparksee, der zum Schwimmen, Stand-up-Paddlen, Kanu- oder Tretbootfahren einlädt. **Und wenn du Glück hast, findet auf der Freilichtbühne im Park eines der beliebten Stadtparkkonzerte statt.**

Stadtpark | U-Bahn: Borgwerk

OSTEN

ESSEN & TRINKEN

77. MAD ABOUT JUICE

Da ich sehr auf meinen Fleischkonsum achte und nur gelegentlich Fleisch esse, besuche ich sehr gern vegetarische Cafés oder Restaurants, denn dort finde ich immer etwas, das mir schmeckt. Das „MAD about Juice", das als absoluter Insta-Spot gilt, ist eine coole Mischung aus modernem Café und Saft-Bar und bietet eine super Auswahl an vegetarischen Gerichten. Zum Trinken würde ich immer den Chocolate Heaven wählen, das ist ein Schoko-Drink mit Erdbeere, Kakao-Nibs, Avocado, Apfel und Banane, der exotisch und extrem lecker schmeckt. Zum Essen kann ich den Acai Flamengo wärmstens empfehlen – übrigens auch vegan! Mehrmals in Hamburg.

Lange Reihe 60 | Bus: Gurlittstraße | www.madaboutjuice.de | @mad_aboutjuice

78. ALSTERPERLE

Dass ein ehemaliges Toilettenhäuschen, das in eine Imbissbude verwandelt wurde, zum echten Szenetreff einer Weltstadt werden kann, zeigt sich

Mad About Juice

Alsterperle

FOTO TIPP · FOTO TIPP · FOTO TIPP · FOTO TIPP ·

am Beispiel der Alsterperle. Das ganze Jahr hindurch kannst du hier an sieben Tagen in der Woche die wohl berühmteste Erbsensuppe der Stadt, belegte Brötchen, Heiß- und Kaltgetränke und vieles mehr genießen – und das alles mit einem fantastischen Blick auf die Alster.

An diesem stillen Örtchen bringt dich die chillige Atmosphäre mit cooler Lounge-Musik und einem leckeren Bierchen garantiert sofort in Urlaubsstimmung! Eine echte Perle eben ...

Eduard-Rhein-Ufer 1 | Bus: Mundsburger-brücke | www.alsterperle.com

79. JIM BLOCK

Den jungen Ableger der Blockhouse-Gruppe gibt es allein in der Hansestadt neun Mal – eine dieser Filialen findest du in der Kirchenallee in St. Georg neben Schauspielhaus und Hauptbahnhof. Auf der Karte steht Fast Food auf hohem Niveau: Burger-Klassiker mit verschiedenen Beilagen wie Baked Potatoes, Salat oder Pommes, aber auch gute Veggie-Alternativen mit Gemüse-Patty.

Kirchen Allee 37 | Station: Hauptbahnhof | www.jim-block.de | @jim_block_official

OSTEN

80. FREUNDLICH + KOMPETENT

Ein Beachclub unter Backstein-Arkaden und weit und breit kein Strand in Sicht? Dass das funktionieren kann beweist das „Freundlich + Kompetent" im Mundsburg Center. Und dass der Name des Clubs Programm ist, das beweisen die beiden super sympathischen Inhaber, die ein tolles Konzept grandios verwirklicht haben.

Die Atmosphäre ist locker und entspannt, es gibt coole Live-Konzerte, Kicker-Turniere, Open-Stage-Events und Abende, an denen DJs mit Hip-Hop oder Elektro für Stimmung sorgen. Für die Drinks musst du nicht gerade tief in die Tasche greifen und für den Eintritt – kaum zu glauben, aber wahr – gar nicht! Kein Wunder, dass die Bar regelmäßig ausgezeichnet wird.

Hamburger Straße 13 | U-Bahn: Hamburger Straße | www.freundlichundkompetent.de | @freundlichundkompetent

SHOPPING

81. LANGE REIHE

In der Langen Reihe auf Shopping-Tour zu gehen, ist ein Einkaufserlebnis der Extraklasse, denn die Mischung aus alteingesessenen Geschäften, schrillen Boutiquen, Cafés, Ateliers und Kneipen ist so vielfätig und bunt wie das Viertel St. Georg selbst. Nimm dir Zeit und lass dich treiben – so entdeckst du auch die verborgenen Ecken und versteckten Schönheiten, die einem nicht sofort ins Auge springen. Beim Blick in den einen oder anderen Hinterhof wirst du außerdem auf so manche Überraschung stoßen …

Lange Reihe | U-Bahn: Borgwerk

TIPP

Unbedingt anschauen! Die Koppel 66 ist ein Gemeinschaftsprojekt von zwölf Ateliers und Werkstätten in einer historischen Maschinenfabrik. Ein Café gibt's dort auch.

OSTEN

HAMBURG Westen

Hamburg zählt zu den grünsten Städten Deutschlands. Das zeigt sich vor allem im westlichen Teil der Stadt, der sich – von Altona über Ottensen und Övelgönne bis hinaus nach Blankenese – mit Parkanlagen, Villen und der berühmten Elbchaussee weitläufig an der Elbe entlang erstreckt. Selbst die Langschläfer unter euch sollten für den legendären Fischmarkt, der im Sommer schon um 5 Uhr morgens beginnt, mal früh aufstehen.

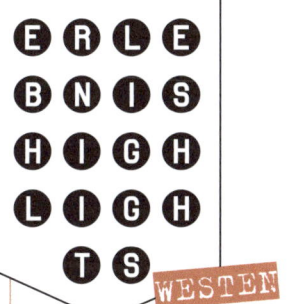

ERLEBNIS HIGHLIGHTS WESTEN

> **PICKNICK VORM CONTAINERHAFEN**

> **FISCHERROMANTIK ÜBER DER STADT**

> **STRANDIDYLL AUF SCHWEINESAND**

> **INS NASCHKATZEN-SCHLARAFFENLAND**

> ....

> ....

> ....

Zwischen Welt-stadt und Idyll – Hamburgs Westen

Westen

SEHENSWERTES

- 82 WALTERSHOFER DAMM UND TANKWEG
- 83 STRANDPERLE & OEVELGÖNNE
- 84 BLANKENESER TREPPENVIERTEL
- 85 ALTONAER FISCHMARKT
- 86 OTTENSEN

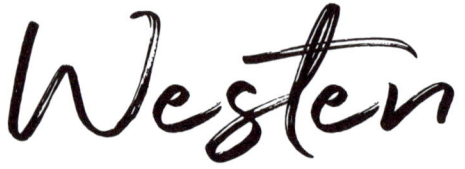

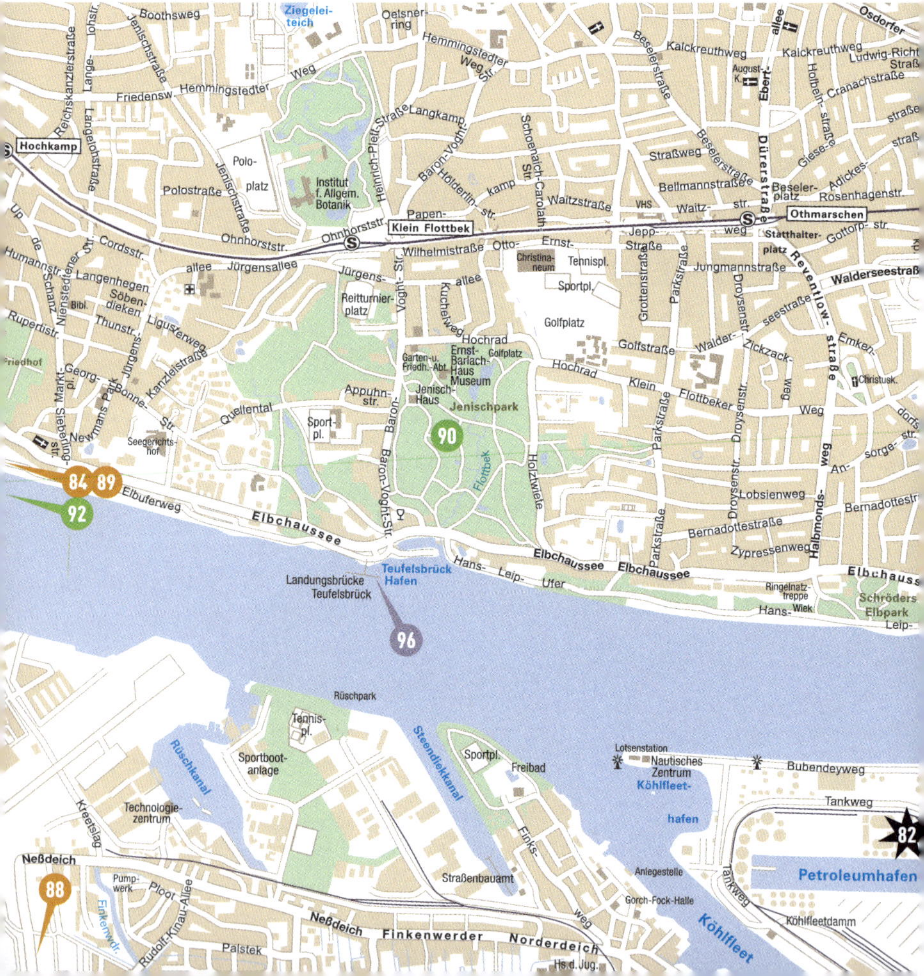

87 GROSSE ELBSTRASSE
88 ALTES LAND
89 FALKENSTEINER UFER

PARKS

90 JENISCHPARK
91 ALTONAER BALKON
92 SCHWEINESAND

ESSEN & TRINKEN

93 L'OSTERIA
94 EISENSTEIN
95 DIE PÂTISSERIE
96 RESTAURANT ENGEL
97 HUMMER PEDERSEN
98 KLIPPKROOG

SHOPPING

99 BONSCHELADEN
100 MERCADO

FOTO TIPP FOTO TIPP FOTO TIPP FOTO TIPP FOTO

Im Juni/Juli geht die Sonne fast exakt über dem Hafenbecken (in Flutrichtung) auf und unter. Dann entstehen natürlich die schönsten Fotos!

SEHENSWERTES

82. WALTERSHOFER DAMM UND TANKWEG

Wer in Hamburg fotografieren will, kommt am Waltershofer Damm kaum vorbei. Hafenkräne, Containerschiffe, das Wasser – in sonnigen Abendstunden, aber auch bei nächtlicher Beleuchtung kannst du hier tolle Fotos von Containergiganten und Hafenkränen schießen. Trotz der großartigen Perspektive auf den Containerhafen geht es hier nicht ganz so trubelig zu wie an manch anderen,

bekannteren Orten. Ganz vorn am Kai gibt es außerdem einen kleinen Leuchtturm (Leuchtturm Bubendeyufer), der sich prima als Fotomotiv eignet. Gegenüber liegt der Tankweg, dessen Landspitze an unbebautem Gelände vorbeiführt und dann weit ins Hafenbecken ragt. **Mein Tipp: Bring etwas zum Picknicken mit – ein Plätzchen dafür findest du an diesem idyllischen Ort garantiert!**

Waltershof | Hafenfähre: Waltershof (Fährlinie 61)

BUCKET LIST
Waltershofer Damm

Du hast unseren Tipp abgehakt?
Hier ist Platz für ein Foto.

Aussicht vom Walterhofer Damm

83. STRANDPERLE & OEVELGÖNNE

Lust auf Nordsee-Feeling in der Großstadt? Dann auf zur Strandperle! Obwohl diese Institution am Elbstrand von Oevelgönne schon lange kein Geheimtipp mehr ist und sich hier bei schönem Wetter die Massen tummeln, hat sich dieses Fleckchen seinen besonderen Charme mit Nordsee-Flair bewahrt. **Was früher ein einfacher Imbiss war, ist heute ein Beachclub mit Kultcharakter und einer der beliebtesten Treffpunkte in der Hansestadt.**

Hier kann man entspannt unter großen Sonnenschirmen auf der schönen Terrasse sitzen oder gemütlich im Sand lümmeln, dabei den einen oder anderen Drink mit Blick aufs Wasser genießen und dem bunten Treiben zuschauen. Gegen den kleinen Hunger gibt's leckere Fischbrötchen, Frikadellen, Würstchen und Kartoffelsalat und noch vieles mehr. Aber auch der alte Museumshafen mit zahlreichen Oldtimer-Schiffen ist sehenswert!

Oevelgönne 60 | Bus: Liebermannstraße

Perfekter Ort für den Sundowner-Shot schlechthin – mit der Hafen-Silhouette im Hintergrund!

BUCKET LIST

Strandperle

Ruh dich aus und lass die Seele baumeln!
Ob du einen Song schreibst, etwas erfindest oder ein kleines Kunstwerk
zauberst, ist völlig egal.

FOTO TIPP FOTO TIPP FOTO TIPP FOTO

84. BLANKENESER TREPPENVIERTEL

Das ehemalige Fischerdorf auf dem 75 m hohen Süllberg ist eine echte Attraktion im sonst so platten Hamburg. Auf zwei Rundgängen – von unten nach oben oder von oben nach unten, je nach Anfahrt mit Fähre oder S-Bahn – kannst du dieses malerische, mediterran anmutende Viertel erkunden, durch die verwunschenen Gassen schlendern und die romantischen Villen und Fischerhäuschen bewundern. Die einst auf dem „Gipfelplateau" thronende Burg hat längst einem Hotel Platz gemacht, der Blick von hier oben ist einfach grandios – die Elbe liegt dir zu Füßen. Auch wenn das Auf und Ab über die insgesamt 5000 Stufen im „Treppenviertel" manchmal etwas anstrengend sein mag – die einzigartige Atmosphäre lässt alle Mühen vergessen! **Und natürlich findest du unterwegs super schöne Foto-Motive, tolle Locations und Perspektiven.** Wer genug hat, sucht sich ein schönes Plätzchen an der Elbe und lässt sich die Füße kühlen.

Blankenese | S-Bahn: Blankenese

*Tolle Fotos von der Fischauktions-
halle lassen sich übrigens vom
Fähranleger aus schießen!*

85. ALTONAER FISCHMARKT

Wer den Fischmarkt besucht, darf
nicht zimperlich sein, denn der Be-
sucherandrang ist dort immer enorm,
und die Marktschreier haben so manchen derben Spruch auf Lager! Trotzdem oder gerade auch deshalb lohnt
das frühe Aufstehen (zwischen 5 und
7 Uhr geht's los), denn die Stimmung
und die Atmosphäre sind einmalig.
In der alten Fischauktionshalle kann
man sonntags lecker brunchen, es
macht aber auch Spaß, sich mit einem
frischen Fischbrötchen in der Hand
einfach nur treiben zu lassen und das
Geschehen zu beobachten.

Große Elbstraße 280 | Bus: Fischauktionshalle

*Du musst nicht unbedingt ein
Frühaufsteher sein ... Nach einer
durchzechten Partynacht geht's das
nächste Mal einfach direkt dort hin :)*

BUCKET LIST
Fischmarkt

Du hast unseren Tipp abgehakt?
Hier ist Platz für ein Foto.

Ich auf dem Fischmarkt

86. OTTENSEN

Was früher ein unschöner Indus-triestandort und einfaches Arbeiter-viertel war, ist heute ein begehrtes Pflaster zum Ausgehen, Shoppen und Wohnen. Viele der ehemaligen Fa-brik- und Lagerhallen sind restauri-ert und zu hippen Einrichtungen um-gebaut worden und beherbergen nun schnuckelige Cafés, coole Restau-rants, kreative Fotostudios, Bars und sogar ein Kino. In Ottensen überwiegt zwar inzwischen mehr das Schicke, doch es gibt auch noch die wilde, re-bellische Multikulti-Seite mit ei-ner Mischung aus kleinen Boutiquen und ausgefallenen Geschäften sowie aus coolen Hipster-Bars, alternati-ven Treffs, Ökoläden, türkischen Im-bissbuden und ursprünglichen Eck-kneipen. **Ein wirklich sympathisches Durcheinander!**

Ottensen | S-Bahn: Altona

87. GROSSE ELBSTRASSE

Die Große Elbstraße zwischen Fischmarkt und Oevelgönne, die einst für ihren Autostrich bekannt war, hat in den letzten Jahren ein völlig neues Gesicht bekommen und trägt heute wegen ihrer schicken, glaslastigen Neubebauung den noblen Beinamen „Perlenkette am Elbufer". Hier kannst du herrlich an der Elbe entlangflanieren und in einem der vielen netten Lokale eine kleine Pause einlegen. **Am Fischereihafen solltest du dir dann aber unbedingt Zeit nehmen, um das futuristische Dockland-Bürogebäude anzuschauen.** Und wenn du ein kleines Picknick und deine Kamera dabei hast, umso praktischer!

Van-der-Smissen-Straße 9 | Bus: Kreuzfahrt-terminal

TIPP

Steig dem Dockland auf's Dach! Die Aussicht von hier oben ist umwerfend, und das Beste: Sie ist kostenlos!

FOTO TIPP FOTO TIPP FOTO TIPP FOTO

88. ALTES LAND

Vor allem zur Obstbaumblüte (von Ende April bis Mitte Mai blühen die Kirschen!) strömen Besucherscharen ins Alte Land, das mit seinen kleinen Ortschaften, den malerischen Häusern und den idyllischen alten Gutshöfen an eine Landschaft wie aus dem Bilderbuch erinnert. Dann gibt es auch zahlreiche Feste und tolle Veranstaltungen auf den prächtig blühenden Obstwiesen. Auf den Deichen entlang der Elbe lässt es sich prima biken, skaten und spazierengehen. **Am besten leihst du dir ein Rad, nimmst die Fähre 64 von den Landungbrücken aus bis Finkenwerder und machst eine kleine Fahrradtour bis Steinkirchen.** Denn nicht nur der beliebte Elberadweg, sondern auch der längste Radweg der Welt, der Nordseeküstenradweg,

Wer will, kann mit ein paar Freunden auch eine Boßeltour auf einem der Obsthöfe buchen. Dann bekommt man einen Bollerwagen, Boßelkugeln und Bier und muss versuchen, mit möglichst wenigen Würfen ans Ziel zu kommen, sonst heißt es: Trinken!

führt durchs Alte Land. Viele Obsthöfe laden zur gemütlichen Einkehr in ihre Hofcafés ein. Und wenn du einen Picknickkorb dabei hast, kannst du dir irgendwo ein schönes Plätzchen mit Blick aufs Wasser suchen und den Schiffen hinterhergucken …

Finkenwerder Fähranleger | Hafenfähre: Finkenwerder (Fährlinien: 62, 64)

89. FALKENSTEINER UFER

Warum sich am überfüllten Elbstrand drängeln, wenn es eine viel bessere Alternative gibt? Das Falkensteiner Ufer hat einen wunderschönen weiten Sandstrand, an dem es wesentlich entspannter zugeht. Aber auch für Fotografen ist einiges geboten, denn die besondere Attraktion sind die Wracks zweier Schiffe, die im letzten Jahrhundert hier gesunken sind. **Die besten Aufnahmen lassen sich bei Niedrigwasser machen, da sonst nicht** **viel von ihnen zu sehen ist.** Wer näher ran möchte, sollte gut schwimmen können oder die Gummistiefel einpacken! Auch von oben kannst du einen Blick darauf werfen: Über eine Treppe erreichst du einen wunderschönen, terrassenförmig angelegten Römischen Garten, der in etwa 30 m Höhe einen fantastischen Blick auf den Strand und die Elbe bietet.

Falkensteiner Ufer | Bus: Falkensteiner Ufer

WESTEN

Übrigens lassen sich hier tolle Naturaufnahmen machen. Auch das Jenischhaus ist eine unfassbar schöne Foto-Kulisse!

FOTO TIPP FOTO TIPP FOTO TIPP FOTO TIPP

PARKS

90. JENISCHPARK

Weil dieser Park nicht so bekannt ist wie andere, geht es hier ziemlich ruhig, entspannt und ohne Touristenmassen zu, was mir persönlich sehr gut gefällt. Erst letztes Jahr habe ich diesen Park für mich entdeckt, und seitdem jogge ich total gern dort, wenn ich in Hamburg bin! Er wurde nach englischem Vorbild geplant, hat eine tolle Lage am Elbhang oberhalb der Elbchaussee, ist super gepflegt und bietet an vielen Stellen traumhafte Ausblicke hinun-

ter aufs Wasser. Hier kann man herrlich herumspazieren, den Kopf freikriegen und in Ruhe chillen.

Baron-Voght-Straße 50 | S-Bahn: Klein Flottbek

91. ALTONAER BALKON

27 m über der Elbe thront am Geesthang der Altonaer Balkon, beliebter Aussichts- und Treffpunkt der Hamburger. Kein Wunder! Von hier oben hast du alles Wichtige im Blick: die berühmte Köhlbrandbrücke, das alte Hafenterminal, den Containerhafen, das Dockland und den regen

Schiffsverkehr auf der Elbe. Am besten packst du eine Picknickdecke, dein Lieblingsbuch und ein kühles Bierchen ein und mischst dich unters Volk – **so erlebst du Hamburg auf eine richtig echte und authentische Weise!**

Palmaille | S-Bahn: Königsstraße

92. SCHWEINESAND

Karibik-Feeling in Hamburg? Schweinesand macht ein ganz seltenes Großstadtidyll möglich! An dem nahezu weißen Sandstrand im Naturschutzgebiet Neßsand (nur der Strand darf betreten werden) lässt es sich prima picknicken, chillen und den Blick aufs Wasser, die Boote und hinüber nach Blankenese genießen. **Der einzige Haken: Da der Strand zu einer unter Naturschutz stehenden Insel mitten in der Elbe gehört, ist er nur per Boot erreichbar.** Wer die Möglichkeit hat, hinüberzukommen (z. B. mit einem gemieteten Motorboot), kann sich glücklich schätzen, denn seit der öffentliche Bootsverkehr zur Insel eingestellt wurde, hat man die Insel fast für sich

Altonaer Balkon

allein. Wer kein Motorboot mieten kann, versucht es per Schlauchboot über den weniger gefährlichen Cranzer Elbdeich auf der anderen Seite des Flusses. Die Überfahrt von Blankenese ist wegen des dichten Schiffsverkehrs und der Strömung sonst nämlich eine gefährliche Sache!

Schweinesand | im privaten Boot

LOW $ BUDGET

ESSEN & TRINKEN

93. L'OSTERIA

Von diesen coolen Restaurants gibt's gleich mehrere in der Stadt – zum Glück, denn hier werden die größten Pizzen serviert, die ihr euch vorstellen könnt! Der Teig ist dünn und knusprig, genau so, wie er sein soll, und das Coolste: Du kannst eine Pizza unterschiedlich – z. B. Hälfte-Hälfte – belegen lassen, sodass du sie auch gut mit jemandem teilen kannst. Meine Lieblings-Wahl: eine Hälfte Caprese, die andere Hälfte mit scharfer Salami (Salsiccia). Und wenn es mal keine Pizza sein soll, esse ich auch super gern die Spaghetti Pomodoro.

Große Elbstraße 49 | Bus: Große Elbstraße | www.losteria.de | @losteria_pizza_e_pasta

94. EISENSTEIN IN DEN ZEISENHALLEN

Seit Ende der 1980er-Jahre ist dieses Restaurant im angesagten Industrial-Look eine Institution in den Zeisenhallen. Die Pizza aus dem Holz-

> **TIPP**
>
> In der zeise-latenight-Reihe gibt's immer freitags statt Kino besondere Kulturveranstaltungen wie Poetry Slams, Singer Slams, Lesungen u.v.m. …

ofen ist legendär, das Ambiente in der ehemaligen Schiffsschraubenfabrik aus dem 19. Jh. ist einzigartig. Aber auch ganz ohne Pizza im Eisenstein ist die Besichtigung des modernen Kulturzentrums, zu dem die früheren Werkshallen umfunktioniert wurden, ein tolles Erlebnis. Neben mehreren Restaurants sind hier auch einige Galerien, das Institut für Theater, Musiktheater und Film der Uni Hamburg und die zeise kinos untergebracht.

Friedensallee 9 | S-Bahn: Altona; Bus: Friedensallee | www.restaurant-eisenstein.de

95. DIE PÂTISSERIE

Wenn du Frankreich-Fan bist, solltest du dir diese Pâtisserie nicht entgehen lassen! Beim Anblick der bunten Macarons, der kunstvoll kreierten Tartelettes, Éclairs und Mignardises, der Pains au chocolat und der frisch gebackenen Croissants, die sich in der Vitrine türmen, muss man einfach zugreifen! Wer hier einen Platz zum Frühstücken ergattert, kann sich glücklich schätzen, denn das „Café" ist mit seinen drei Tischen winzig, dafür aber urgemütlich, mit einer authentischen, herzlichen Atmosphäre. Französischer als hier geht es kaum!

Bahrenfelder Straße 231, | S-Bahn: Altona | www.die-patisserie.de | @die_patisserie _hamburg

96. RESTAURANT ENGEL & LUZIFERS KIOSK

Näher als hier kommst du den großen Schiffen kaum, denn im Restaurant Engel am Anleger Teufelsbrück speist man nicht am, sondern auf dem Wasser. Hinter den großen Glasfronten hast du einen fantastischen Blick auf die Elbe und den Hafen. Sonntags kannst du hier prima brunchen, aber auch zum Lunch oder zum Abendessen ist das Engel eine 1-A-Adresse. Und wenn dir das eher hochpreisige Lokal zu teuer oder zu schnieke ist, kannst du dir an Luzifers Kiosk darunter ein Fischbrötchen, Fritten oder einen Pott Kaffee auf die Faust kaufen und den Logenplatz in erster Reihe in etwas ungezwungenerem Ambiente genießen.

Fähranleger Teufelsbrück | Bus: Teufelsbrück | www.restaurant-engel.de | @restaurant_engel

97. HUMMER PEDERSEN

In der Großen Elbstraße, nur etwa 2 km vom Hamburger Hafen entfernt, findest du das legendäre „Helle Bistro für Fisch & Meeresfrüchte" von Hummer Pedersen, das auf eine lange Tradition zurückblickt.

Die Qualität und Vielfalt der Produkte, die hier angeboten werden, ist erste Sahne – frischer bekommst du das Meer nicht auf den Teller. Das moderne Ambiente und die freundliche Bedienung verbreiten eine angenehme Wohlfühlatmosphäre – und das besondere Highlight: Alles, was du bestellst, wird direkt vor deinen Augen zubereitet. Ausprobieren lohnt sich!

Große Elbstraße 152 | Bus: Große Elbstraße | www.hummer-pedersen.de | @hummer_pedersen

98. KLIPPKROOG

Wenn du es ganz schlicht und gemütlich und ohne viel Schnickschnack magst, dafür aber mit einer leckeren Küche nach Saison, dann bist du im Klippkroog (Plattdeutsch für „einfache Gaststätte") an der richtigen Adresse. Die Einrichtung ist charmant-rustikal im nordischen Stil, die Atmosphäre ist lässig-entspannt, und auf der mannshohen Tafel, die als Speisekarte dient, steht ein kleines, aber feines Angebot an raffiniertem „local food" aus besten frischen Zutaten – und das alles zu echt fairen Preisen! Zu den Stoßzeiten mittags und abends solltest du am besten einen Tisch reservieren.

Große Bergstraße 255 | Bus: Große Elbstraße | www.klippkroog.de | @klippkroog

SHOPPING

99. BONSCHELADEN

Naschkatzen aufgepasst! In diesem Schlaraffenland für Süßigkeiten könnt ihr live dabei zusehen, wie die Bonschemacher die kleinen bunten Seelenschmeichler in allen erdenklichen Geschmacksrichtungen von Hand herstellen. Ob Erdbeer-, Limette-, Lakritz- oder Ingwergeschmack – die Auswahl ist riesig! Auch Karamellkonfekt und gebrannte Nüsse gibt es hier in Hülle und Fülle. Der Duft im Laden ist einfach umwerfend und so verführerisch, dass die Auswahl aus den über 70 verschiedenen Sorten für so manchen Kunden zu einer echten Herausforderung wird …

Friedensallee 12 | S-Bahn: Altona; Bus: Friedensallee

100. MERCADO

Das Mercado in Ottensen ist nicht einfach nur irgendein 08/15-Einkaufszentrum – zwar gibt es auch die üblichen Filialen diverser Marken wie H&M, Zara und Co., aber mitten in ihrem Zentrum bietet die kleine Markthalle ein kunterbuntes Potpourri von Lebensmittelhändlern aus aller Herren Ländern. Hier kannst du dich – immer den guten Düften folgend – treiben lassen, exotische Früchte und Gewürze, erlesene Zigarren und Weine oder verschiedene Bio-Lebensmittel einkaufen und dich zwischendurch in der Espresso-Bar oder an einem der internationalen Essensstände stärken und eine Kleinigkeit naschen!

Ottenser Hauptstraße 10 | S-Bahn: Altona

PARTYGUIDE
Hamburg

Hinein ins Nachtleben! Bei Hamburg denkst du wahrscheinlich sofort an die Reeperbahn. Klar geht hier die Party ab, doch es gibt noch viel mehr Locations, die das Partyvolk anlocken – du hast die Qual der Wahl.

UEBEL UND GEFAEHRLICH

›› TECHNO, ELEKTRO, LIVE

Die Party findet im 4. Stock eines ehemaligen Weltkriegsbunkers statt: Es gibt angesagte Live-Musik und Club-Events, besonders Techno- und Elektroherzen schlagen hier höher, und die gefeierten DJs geben sich die Klinke in die Hand. Daher ist hier meist ordentlich was los – also rechtzeitig das Programm auf der Website checken und nicht zu spät kommen! Nach oben kommst du entweder mit dem Aufzug oder über die – oft verstopfte – Treppe. Auch auf der Dachterrasse lässt es sich feiern, mit einem genialen Blick über die Stadt.

St. Pauli | Feldstraße 66 | U-Bahn: Feldstraße | www.uebelundgefaehrlich.com | @uebelundgefaehrlich

WAAGENBAU

›› DIVERS

Tief im Underground unter der S-Bahnbrücke vibriert die Szene: Diverse DJs legen auf, die Musik reicht von Hip-Hop,

BIS IN DIE MORGENSTUNDEN

Techno, Rock und Soul bis zum Reggae. Außerdem steigen im Waagenbau sensationelle Konzerte. Tanz bis zum Sonnenaufgang ist möglich, auch wenn man den hier unten ja kaum sieht …

Norden | Max-Brauer-Allee 204 | U-Bahn: Feldstraße | www.facebook.com/waagenbau | @waagenbau

HAMBURGER BERG

›› DIVERS

Dieser Berg ist gar keiner, sondern eine Straße, die von der Reeperbahn nach Norden hin abzweigt. Wer einen Eindruck vom alten Kiez gewinnen möchte, muss hierher. Denn in dieser Straße gibt es noch immer ein paar alte Kaschemmen, die dem Kommerz trotzen, und viele Bars, Tanzschuppen und Clubs, die vor allem ein junges Publikum anziehen, das sich bei gutem Wetter im Sommer gern auf die Sofas am Straßenrand fläzt. Der Kennenlernfaktor ist hier übrigens ziemlich hoch!

St. Pauli | Hamburger Berg | S-Bahn: Reeperbahn

PAL

›› TECHNO, HOUSE, ELEKTRO

Am Rand von Karoviertel und Sternschanze, direkt an der Messe, steht in einem alten Backsteinbau zumindest an den

Wocheneden der Beat nie still. In meinen Lieblingsclub kommt mancher Nachtschwärmer erst um 4 Uhr morgens und tanzt in den Sonnenaufgang hinein. Eine kleine Empfehlung für den Dresscode in Hamburgs wohl beliebtestem Technoclub: schick und dunkel.

Norden | Karolinenstrasse 45 | U-Bahn: Messehallen | www.pal-tv.de | @pal.hamburg

GROSSE FREIHEIT 36

>> ROCK, POP

Hier steht die Adresse für Namen und Programm: In Hamburgs bekanntestem und größtem Club, auch Location für jährlich rund 100 Rock- und Pop-Konzerte (Größen wie Rory Gallagher, Neil Young, Robbie Williams und die Fanta4 waren schon hier) lassen es die Hansestädter und ihre Gäste seit über 30 Jahren so richtig krachen. Einen guten Stern hat einer meiner liebsten Clubs auch: Das berühmte Gestirn des einst gegenüber abgebrannten Star Club, in dem u. a. die Beatles auftraten, weist heute den Gästen den Weg. Dresscode: Alles ist möglich!

St. Pauli | Große Freiheit 36 | S-Bahn: Reeperbahn | www.grossefreiheit36.de | @grossefreiheit36

FRAU HEDI

>> INDIE, ELEKTRO, PUNK, LIVE

Für diesen Club auf dem Wasser (je nach Bedarf sind bis zu fünf Barkassen unterwegs) solltet ihr Tickets möglichst im Vorverkauf erwerben – an der Abendkasse

MÖGLICHST ONLINE BUCHEN!

ist der Andrang meist groß. Da stündlich ein- und ausgestiegen werden kann, ist die Wahrscheinlichkeit, im Abendverkauf ein Ticket zu bekommen umso größer, je später man kommt. An Bord wird dann auf meist nur leicht schwankenden Planken vor der Kulisse des Hafens gechillt, getrunken, gefeiert und getanzt. Ein echtes Hamburg-Erlebnis!

St. Pauli | Landungsbrücke 10/Innenkante | Station: Landungsbrücke | www.frauhedi.de

MOLOTOW

>> DIVERS

Hip-Hop, Reggae, Soul oder Elektro? Wenn sich deine Partytruppe nicht so recht einigen kann, seid ihr im Molotow genau richtig. Im Club, in der SkyBar, im Karatekeller und im Backyard finden die verschiedensten Events statt, dazu gibt's noch den berühmten Hinterhof. Ob Livemusik, Pubquiz, (Spezial-) Danceparty oder Weihnachtsmarkt zum Tanzen, die Stimmung ist hier oft echt explosiv!

St. Pauli | Nobistor 14 | S-Bahn: Hamburg Reeperbahn | www.molotowclub.com | @molotowclub

NIKKI TIGER

>> HIP-HOP, RNB, 80ER

Für einen Besuch in diesem edlen Klub in einer Nebenstraße der Reeperbahn mit vielen tollen japanischen Design-Elementen und Hinguckern musst du unbedingt was

FREITAGS &
SAMSTAGS

zum Rausputzen einpacken. Denn hier triffst du auf Hamburgs junge Schickeria, die sich durchaus in Schale schmeißt! Sehen und gesehen werden ist hier ein Motto, Party machen und Feiern aber natürlich auch. Feiernde ist in der Regel zwischen 3 und 5 Uhr.

St. Pauli | Talstraße 9 | S-Bahn: Hamburg Reeperbahn | www.nikki-tiger.com | @nikkitigerclub

HAFENKLANG

>> INDIE, PUNK, ELEKTRO, TECHNO

Der Hafenklang punktet mit zwei großen Konzerträumen. Einer liegt mitsamt Bar unten, der „Goldene Salon" liegt oben. Und überall geht's punkig, rockig und laut zu. Hier laufen Indie, Punk, Elektro, Techno und auch mal Trap. Wer wilde Live-Konzerte mit viel Action, Gitarrensound und dem einen oder anderen Schweißtropfen liebt, findet hier sein Paradies. Es gibt aber auch DJ-Abende. Jeder darf hier kommen, wie er will, Hauptsache nicht zu schick. Die Nacht geht hier bis 5 oder 8 Uhr morgens, dann schleicht man sich an der Elbe entlang nach Hause.

Westen | Große Elbstraße 84 | S-Bahn: Hamburg Königs | @hafen klanghamburg

MOJO CLUB

>> SOUL, MIXED MUSIC

Dieser ziemlich coole Club liegt unter Hamburgs „Tanzenden Türmen" an der Reeperbahn. Ziemlich

einzigartig ist schon der Zugang zur Location, denn du steigst durch eine Luke im Boden hinab ins unterirdische Tanzparadies. Ohne Handyempfang schlängelst du dich durch das Labyrinth, bis du den Dancefloor gefunden hast. Die Leute sind eher 30+, und es läuft viel Soul und Jazz. Regelmäßig steigen hier auch Live-Konzerte.

St. Pauli | Reeperbahn 1 | U-Bahn: St. Pauli | www.mojo.de | @mojoclub

YOKO CLUB

>> DIVERS

Früher war das Yoko Mono eine bekannte Bar im Karoviertel. Dann gab es wegen des Namens Stress mit der Witwe John Lennons, und schließlich zog die Bar in eine neue Location nahe dem Gängeviertel. Oben pulsiert hier das Barleben mit einer großen Auswahl an Kurzen, ordentlichen Longdrinks und leckerem Kellerbier. Im Souterrain lockt die Tanzfläche die Nachtschwärmer, wo DJs unterschiedlichste Musik auflegen. Zudem gibt's hier Konzerte, Comedy-Shows und diverse Partys. Hierher kommen Leute aus dem Gängeviertel und Stammgäste – auf jeden Fall mal testen!

City | Valentinskamp 47 | U-Bahn: Gänsemarkt • www.dieyoko.de | @yokoclubhamburg

SUEDPOL

>> TECHNO, ELEKTRO

Dieser Club auf dem ehemaligen Betriebshof der Hamburger Wasserwerke lebt vorwiegend von

VON FREITAG BIS
SONNTAG

24-HOUR FOOD
ERIKAS ECK
Von 17 bis 14 Uhr gibt's warme Küche! Sicher ein Grund, warum sich hier Nachtschwärmer und Frühaufsteher zu Hackbrötchen, Steak und Riesenschnitzel treffen. Sternstr. 98 | U-Bahn: Hamburg-Sternschanze

der Mundpropaganda: Im Südpol treffen sich Hamburgs Raver im coolsten Outfit – bloß nicht im 08/15-Look hier erscheinen. Hier auf der Tanzfläche verliert man schnell mal das Zeit- und Raumgefühl und taucht bis zum Morgen in antarktische Sphären ab.

Hafen | Süderstraße 112 | S-Bahn: Hamburg-Hammerbrook | www.suedpol.org

24-HOUR FOOD

VIER FÄUSTE

Nach einer durchzechten Partynacht torkelt man natürlich zum Pizzabäcker im Vier Fäuste. Mo bis So ab 14 Uhr bis zum Morgen.
Juliusstraße 40 | U-Bahn: Hamburg-Sternschanze

GOLDEN PUDEL CLUB

» TECHNO, ELEKTRO, ALTERNATIV

Dieser Club, u. a. gegründet von Rocko Schamoni und Schorsch Kamerun, ist eine Bastion des alternativen Lebens am Hamburger Hafen. Nach dem verheerenden Brand 2016 haben viele Menschen dazu beigetragen, dass der Club wieder eröffnet werden konnte, und so ist wieder das pralle Leben in der Bude. Hier trifft sich ein bunt gemischtes Publikum und feiert bei wilden Elektro- oder anderen Beats, abwechselnd aufgelegt von jungen Nachwuchs-DJs und den Großen des Geschäfts. Im Sommer gibt's sensationelle Open-Air-Tanzveranstaltungen. Der Pudel ist auf jeden Fall immer gut für eine Überraschung! Morgens kannst du zur Entspannung im nahe gelegenen Park Fiction den Sonnenaufgang bewundern.

St. Pauli | St. Pauli Fischmarkt 27 | S-Bahn: Hamburg Reeperbahn | www.pudel.com

CHAINS CLUB

» HIP-HOP

Die Macherinnen des Clubs auf dem Kiez sind die bildende Künstlerin Xuli und die Dj Cri$py C, also volle Girlpower. Das Ganze versteht sich auch als Kunstprojekt, und es ist hier ziemlich wild und lustig. Es treffen sich Hoodgirls und Hood-

boys in cooler Streetwear, die besonders auf genialen Hip-Hop, Trap und Dancehall abfahren. Die Nacht geht hier bis 5 oder auch mal bis 7 Uhr.

St. Pauli | Reeperbahn 25 | U-Bahn: St. Pauli • www.chainsclub.de | @chainsclub

NOHO

» ELEKTRO, HOUSE

In den ehemaligen Räumen des „Erotic Art Museum" residiert in überzeugendem Design heute einer der modernsten Clubs in der Stadt. Die Tanzflächen im vierten und fünften Stock werden von unzähligen LEDs in Szene gesetzt, der Champagner strömt, ab Mitternacht bilden sich vor dem Eingang oft lange Schlangen schick gekleideter junger Leute. Oben gibt's gleich zwei Dachterrassen. Ein genialer Zusammenklang „von Tradition und Nightlife, Rotlicht und Blitzlicht", so die Macher.

St. Pauli | Nobistor 10 | S-Bahn: Hamburg Reeperbahn | www.noho-club.de | @nohoclub

VON DONNERSTAG BIS SONNTAG

WECHSELNDE TAGE EVENTABHÄNGIG

Unter www.hamburg.de findest du alle wichtigen Infos zum aktuellen Kultur- und Unterhaltungsprogramm der Stadt. Ausgelobt werden u. a. Tipps für jeden Tag und die Highlights des Monats. Letztere sind übersichtlich nach Rubriken wie Kino, Musical, Konzert, Theater, Ausstellungen geordnet.

IMMER WIEDER

CRITICAL MASS

Jeden letzten Freitag im Monat treffen sich viele Hundert Hamburger*innen mit Fahrrädern aller Art und fahren bunt, taff und engagiert die größte Critical Mass Deutschlands: „Wir blockieren den Verkehr nicht, wir sind der Verkehr!" lautet ihr Motto. Das Spektakel ist sehenswert!

www.criticalmass.hamburg

HAMBURGER DOM

Dreimal im Jahr, im Winter, im Frühling und im Sommer, gibt es das große Volksfest mit vielen Attraktionen und an jedem Freitag einem Feuerwerk. Auf das große Festgelände strömen dabei jeweils rund 10 Millionen Besucher.

www.hamburg.de/dom

STREET FOOD SESSION

Jeden Donnerstag ab 17/18 Uhr, je nach Saison, steigt auf dem Spielbudenplatz der St.-Pauli-Straßenmampf. Hierzu rollen rund 20 Foodtrucks, Foodtrailer und Foodstände an, die jede Woche andere Köstlichkeiten aus aller Welt servieren. An der 100 m langen Tafel ist noch jeder Feinschmecker ins Schwärmen geraten ...

www.spielbudenplatz.eu/erleben/events/
street-food-session-st-pauli-strassenmampf

FEBRUAR

KARNEVAL: MASKENZAUBER

In stilvollen Masken und Kostümen flanieren die Fans des venezianischen Karnevals durch die Colonnaden und Alsterarkaden – hier erlebst du eine sehr gepflegte Form des Karnevals. Du bist eingeladen, mitzumachen, kannst aber auch nur zusehen.

www.colonnaden-hh.de/veranstaltungen/
maskenzauber

KARNEVAL: LILABE

Wer richtig Party zu Karneval möchte, geht zu Norddeutschlands größter Kostümparty, dem LILABE. 2020 in neuer Location an der Messe Hamburg Schnelsen, gibt es diverse Dancefloors, Live-Bühnen, aber auch richtig Action beim Bull Riding und im Fun Corner.

www.lilabe.de

MÄRZ/APRIL

OSTERFEUER

An Karsamstag und Ostersonntag werden an verschiedenen Plätzen in Hamburg eindrucksvolle Osterfeuer entzündet, um den Winter zu vertreiben. Besonders toll siehst du das Spektakel von einer Barkasse aus, die dich von einem Feuer zum nächsten schippert.

MAI

OSTERSTRASSENFEST

Auf der Osterstraße in Elmsbüttel beginnt traditionell die Saison der Straßenfeste: Tolle Craftbiere, Foodtrucks mit einem riesigen kulinarischen Angebot, jede Menge Live-Acts und dazu ein bunter Flohmarkt versprechen eine entspannte Zeit.

www.osterstrassenfest.com

HAFENGEBURTSTAG

Anfang Mai steigt das größte Hafenfest der Welt! Zum Auftakt laufen 300 Schiffe in einer beeindruckenden Parade in den Hafen ein: Marine- und Kreuzfahrtschiffe, Windjammer, Motor- und Segeljachten etc. Zudem locken zwischen Elbphilharmonie und Fischauktionshalle viele andere Attraktionen und Programmpunkte, z.B. das große AIDA Feuerwerk am Samstagabend, Live-Musik, …

ALTLÄNDER BLÜTENFEST

In Jork im Alten Land findet am ersten Maiwochenende – wenn die Kirschen bereits blühen und die Apfelblüte beginnt – das alljährliche Blütenfest statt. Auf verschiedenen Bühnen ist ordentlich Programm geboten, und an zahlreichen Ständen gibt's kulinarische Köstlichkeiten, Kultur und Kunsthandwerk. Als Höhepunkt gilt die feierliche Kür der neuen Blütenkönigin.

JAPANISCHES KIRSCHBLÜTENFEST

Hamburg und Osaka verbindet eine langjährige Städepartnerschaft, viele japanische Firmen haben hier ihren Sitz. Als Dank für die gute Zusammenarbeit richtet die japanische Gemeinde Hamburg jedes Jahr das wunderbare Kirschblütenfest aus. Das Highlight ist das Feuerwerk, das am Freitagabend an der Außenalster gezündet wird – besonders stimmungsvoll kannst du es natürlich vom Boot aus erleben.

STADTFEST ST. GEORG

Rund um die Lange Reihe im Stadtteil St. Georg steigt am letzten Mai-Wochenende ein buntes Straßenfest. Auf den Bühnen spielen Nachwuchsbands genauso wie Stadtteilchöre und Klassiker. Das Familienareal verspricht großen Spaß und der Flohmarkt lädt zur Schatzsuche ein. Viele geniale Essensstände lassen keine kulinarischen Wünsche offen.

www.stadtfest-stgeorg.de

MAI/JUNI

ST. PAULI KINO SOMMER

Wenn der Fußball Pause hat, strömen abends die Filmfans ins Millerntor-Stadion des FC St. Pauli. Du sitzt gemütlich auf der Nordtribüne und blickst auf die 72 m² große Leinwand, wo die aktuellen Blockbuster und besten Klassiker laufen (Mai – Juli).

www.stpauli-sommerkino.de

JUNI

JAPAN FESTIVAL

Anfang Juni wird im japanischen Garten in Planten un Blomen gefeiert. Hier gibt's u. a. Manga-Zeichnen, Kalligraphie, Kampfsport-Demonstrationen, Teezeremonien, Tanz und Musik sowie viele japanische Leckereien.

DSCHUNGELNÄCHTE BEI HAGENBECK

Hier wird der Dschungel lebendig:
An drei Samstagen im Juni öffnet der
Tierpark auch abends seine Pforten und
entführt die Besucher ab 18 Uhr in eine
exotische Welt. Mit tropischen Klängen
und spektakulären Shows entsteht die
Illusion ferner Welten. Wenn es dunkel
wird, hörst du die Schreie und Gesän-
ge der tierischen Bewohner besonders
intensiv. An den diversen Food-Ständen
kannst du Gerichte und leckere Cocktails
aus aller Welt probieren. Zum Abschluss
gegen 22.45 Uhr gibt's das Bengalische
Feuerwerk.

www.dschungel-nacht.de

HAMBURGER HARLEYS DAYS

Ein Wochenende lang dreht sich in
Hamburg alles um die Harley. Es gibt ein
super Musikprogramm und als röhrenden
Abschluss die Parade mit mehr als 4000
Harleys durch die Stadt.

www.hamburgharleydays.de

JULI

SCHLAGERMOVE

Im Juli machen die Musiktrucks der
Schlagerkarawane Station in Hamburg.
Samstags um 15 Uhr startet die Parade
auf dem Heiligengeistfeld in St. Pauli und
eine fröhliche Menge in Perücken und
Schlaghosen tanzt zu den Hits aus alten
Zeiten – mega Stimmung garantiert.

www.schlagermove.de

AUGUST

VEGANES STRASSENFEST

An einem Samstag Ende Juli/Anfang August steigt auf dem Spielbudenplatz in St.
Pauli ein großes Straßenfest, das Veganer
und (Noch-)Nicht-Veganer zusammen-
bringen will. Geboten ist hier ein bunter
Mix aus leckerem Essen, Infoaustausch,
Vorträgen, Kochshows und Live-Musik.

www.veganes-strassenfest.de

HAMBURG PRIDE – CHRISTOPHER STREET DAY

Ende Juli/Anfang August steigt in der
Hansestadt die Pride Week mit vielen
Veranstaltungen. Höhepunkte sind das
Straßenfest und die CSD-Parade. Hier
präsentiert sich die Szene farbenfroh und
schrill: Fußgruppen, Pkws und Trucks
ziehen dann durch die Hamburger Innenstadt und werben für Akzeptanz und
Toleranz. Schon einen Tag zuvor gibt es
einen bunten Umzug auf dem Wasser.

www.hamburg-pride.de

WEISSES DINNER

In verschiedenen Stadtteilen versammeln
sich an bestimmten Plätzen zu festen
Terminen weißgekleidete Menschen. Sie
haben Picknickkörbe sowie weiße Tische
und Stühle dabei und zelebrieren mit
Freunden oder der Familie ihr „Diner en
blanc".

WINZERFEST ST. PAULI

Wer sich für deutsche Weine begeistert, ist auf dem Winzerfest auf St. Pauli genau richtig: Auf dem Spielbudenplatz laden deutsche Winzer aus verschiedenen Regionen zur Verkostung ihrer feinen Tropfen ein. Dazu gibt es Flammkuchen, Käsespezialitäten, Crêpes und andere Leckereien.

www.spielbudenplatz.eu

SEPTEMBER

SOMMERFEST IM JENISCHPARK

Der idyllische Landschaftspark aus dem 18. Jh. ist eine wunderbare Kulisse für das beliebte Sommerfest. In den drei Kunsthäusern laden jede Menge Aktionen zum Mitmachen und Zuschauen ein und natürlich lockt auch das kulinarische Angebot.

www.shmh.de

REEPERBAHNFESTIVAL

Europas größtes Clubfestival lässt den Kiez mal richtig erzittern: Auf über 900 (!) Veranstaltungen spielen vor allem neue, internationale Talente. Auf diesem Festival kommt die Musikbranche zusammen, um Sternchen und Stars von morgen zu machen. Dazu gibt es Events zu bildender Kunst, Film, Literatur und jede Menge Möglichkeiten zum Networking.

www.reeperbahnfestival.com

DEZEMBER

WEIHNACHTSMÄRKTE IN HAMBURG

In Hamburg findest du eine Vielzahl von tollen Weihnachtsmärkten – hier meine Favoriten:

HISTORISCHER WEIHNACHTSMARKT AUF DEM RATHAUSMARKT: Liebevoll geschmückt und mit herrlichen Düften erzeugt der Markt Weihnachtsmagie pur.

SANTA PAULI AUF DEM SPIELBUDEN-PLATZ: Ein echter Kiezweihnachtsmarkt, konventionell und frivol zugleich mit Live-Musik, Strip-Zelt und heißen Getränken aller Art.

WEISSER ZAUBER AUF DEM JUNG-FERNSTIEG: Stimmungsvolle Stunden sind hier dank der märchenhaften Lichtinszenierungen und der grandiosen Kulisse garantiert.

WEIHNACHTSMARKT AUF DEM GÄNSEMARKT: Ein idyllisches Dorf aus Lebkuchen-Häuschen erzeugt jede Menge Weihnachts-Feeling.

WEIHNACHTSMARKT AM GERHART-HAUPTMANN-PLATZ: Auf diesem Markt mit nostalgischem Flair steht alles im Zeichen des Kunsthandwerks.

www.hamburg-lotse.de/weihnachtsmarkt

SILVESTERFEUERWERK AM HAFEN

Wenn um Mitternacht die Signalhörner der Schiffe im Hafen ertönen, ist das ein echter Gänsehautmoment. Das opulente Feuerwerk bei den Landungsbrücken und der Trubel sorgen für ausgelassene Partystimmung.

FESTIVALS

DIE FRAGE IST NICHT OB, SONDERN ZU WELCHEM FESTIVAL DU GEHST.
HAMBURG HAT FÜR JEDEN ETWAS.
WERDE EINS MIT DEN VIELEN VIBES DER STADT!

MS DOCKVILLE

Im August steigt von Freitag bis Sonntag das Festival für Musik und Kunst MS Dockville, eines meiner liebsten Festivals und wohl auch das bekannteste in der Stadt. In Wilhelmsburg, relativ zentral gelegen, bilden das charmante Industriegelände am Wasser mit Wiese und Birkenhain eine tolle Kulisse für die 20 000 Fans. Auf mehreren Bühnen erwartet dich ein mega vielfältiges Line-Up, u. a. mit Hip-Hop, Electronic, Indie und Pop. 2019 waren hier Billie Eilish, Rin, Von wegen Lisbeth und viele mehr. Zudem gestalten bildende Künstler aktuelle, moderne Skulpturen und Installationen. Tipp: Falls Regen angesagt ist, unbedingt Gummistiefel fürs Tanzen einpacken!
www.msdockville.de

HABITAT FESTIVAL

Vier Tage lang steigt im Juli auf dem Flugplatz Hungriger Wolf nordwestlich von Hamburg nahe Itzehoe das Habitat Festival, auf dem vornehmlich Techno und Electro, aber auch Indie, Rock und Pop laufen. Mit dem Auto ist das Festival rund 70 km von Hamburg Hbf entfernt. Die Macher sind die gleichen wie beim Dockville, das merkst du natürlich an der Deko, denn auch hier sorgen künstlerische Installati-

onen für Stimmung – „ein Habitat fernab der Realität", so der Slogan. Hier spielten schon Bonaparte, Drangsal, Kid Simius und viele mehr vor ca. 8000 Besuchern.
www.habitat-festival.de

AIRBEAT ONE

Ausgelassene, tanzende Leute, wummernde Bässe und Duftschwaden von leckerem Essen – das ist Airbeat One. Auf einem Segelflugplatz bei Neustadt-Glewe in Mecklenburg-Vorpommern entstehen ein riesiges Campingdorf und eine einzigartige Gemeinschaft. Hier läuft vier Tage lang Electronic sowie EDM und für 2020 sind als Top-Acts Armin Van Buuren, David Guetta und Steve Aoki am Start, gemeinsam mit rund 60 000 Besuchern. Über die Autobahn sind es von Hamburg aus gut 100 km.
www.airbeat-one.de

HURRICANE FESTIVAL

An einem Wochenende (Freitag–Sonntag) im Juni steigt auf der Motorrad-Sandrennbahn Eichenring bei Scheeßel (Niedersachsen) das Hurricane Festival. Auf vier Bühnen spielen rund 80 Bands eine Mischung aus Rock, Alternative, Pop und Electro – bekannte Stars performen hier ebenso wie Newcomer der Szene. 2020 sind beispiels-

WIRKLICH RICHTIG
SUPER

weise Deichkind, Kings of Leon, Seed und Rise against am Start. Scheeßel liegt süd-westlich von Hamburg und mit der Bahn bist du vom Hbf rund 2 Stunden unter-wegs.

www.hurricane.de

A SUMMERS TALE

Eines meiner liebsten Festivals ist A Sum-mers Tale, denn es geht hier sehr sauber und ordentlich zu. In Sachen Musik laufen hier vier Tage lang Rock, Pop, Indie und Folk; 2019 waren die Top-Acts hier El-bow, Maximo Park und Suede. Achtung: 2020 legen die Festival-Macher eine Pause ein, der nächste Termin ist im Juli 2021. Wer genug von der Musik hat, sucht sich aus dem vielfältigen Programm mit Yoga, Kochen, Tanzen, Kanufahren, Lesungen und Filmen etwas aus. Das Festival steigt in Luhmühlen südlich von Ham-burg, in der Nähe von Lüne-burg. Mit der Bahn bist du von Hamburg Hbf rund 1,5 Stunden unterwegs.

www.asummerstale.de

FUSION FESTIVAL

Das mega-beliebte Festi-val ist im Dezember quasi schon ausverkauft. An fünf Ta-gen im Juni entsteht in Mecklen-burg so etwas wie eine Parallelwelt: Mu-sik, Performance, Kino, Installationen und Interaktionen lassen den Alltag schnell vergessen. Hier läuft vor allem Electronic, aber auch Indie, Rock und Pop. Mit dem Auto sind es gut 200 km bis Lärz, das süd-lich der Müritz liegt. Rund 70 000 Fans fin-den den Weg hierher.

www.fusion-festival.de

SUMMER DREAM OPEN AIR FESTIVAL

An einem Wochenende im August (Frei-tag – Sonntag) steigt ein angesagtes Elec-tro-Festival in Blievenstorf bei Parchim in Mecklenburg-Vorpommern. Hier spielten u. a. Ranji, Symphonix, Incognito und In-tellifex und es heißt einfach nur tanzen, la-chen und abschalten. Mit dem Auto sind es gut 100 km über die A24.

www.facebook.com/Summerdreamoa

WAVES OPEN AIR FESTIVAL

Feiern, von den Wellen tragen lassen, tanzen, entspannen! Dieses einzigartige Tech-no-Festival findet an einem Wochenende im Juni (Sams-tag und Sonntag) im Spaß-bad Wedemark bei Hannover statt. Von zwei Bühnen er-schallen die Beats, auch Kunst und Kultur sind geboten, alles in sehr liebevoll gestalteter Atmosphäre. Die Pools laden zur Abkühlung und die große Liegewiese zum Chillen. Das Bad ist von Hamburg mit der Bahn in rund 2 Stun-den zu erreichen.

www.waves-openair.de

hvv.de
Information · Fahrpläne | Timetables · Service
040/19 449

Neumünster
RB 82

Rickling
Wahlstedt
Fahrenkrug
Bad Segeberg
Altengörs
Wakendorf
Fresenburg
RB 82

Lübeck
RE 8 / RE 80

Reinfeld (Holst)

Lübeck
RE 83

U 1
Ohlstedt
Hoisbüttel
Buckhorn

Kupfermühle
Bargteheide

Bad Oldesloe
RB 81 / RB 82

Ratzeburg

Poppenbüttel
Wellingsbüttel
Hoheneichen

Gartenholz
Ahrensburg

Ahrensburg Ost
Schmalenbeck
Kiekut
Großhansdorf

Volksdorf

Meiendorfer Weg
Berne
Oldenfelde
Farmsen
Trabrennbahn

Buchenkamp
Ahrensburg West

U 1

RE 8 / RE 80 / RB 81

Rahlstedt

Mölln (Lauenb)

Kornweg
(Klein Borstel)

Ohlsdorf
Rübenkamp
(City Nord)
Alte Wöhr
(Stadtpark)
Habichtstraße

Wandsbek-Gartenstadt

Alter Teichweg
Straßburger Straße

Tonndorf

Hamburg AB

Borgweg
(Stadtpark)
Saarland-straße

Barmbek
Friedrichs-berg
Dehnhaide
Hamburger Straße
Mundsburg
Uhlandstraße
Lübecker Straße
Lohmühlenstraße

Wandsbek Markt

Wandsbeker Chaussee

Wandsbek

Ritterstraße
Wartenau
Landwehr

Berliner Tor

Hasselbrook

RE 8 / RE 80 / RB 81

Nord
Hauptbahnhof
Central Station
Süd

Burgstraße
Hammer Kirche
Rauhes Haus
Horner Rennbahn
Legienstraße
Billstedt
Merkenstraße
Steinfurther Allee
Mümmelmannsberg

U 4
U 2

RE 83

Rothenburgsort
Tiefstack
Billwerder-Moorfleet

U 4
Hammerbrook
(City Süd)
Elbbrücken
Veddel
(BallinStadt)
Wilhelmsburg

Mittlerer Landweg
Allermöhe
Nettelnburg

Bergedorf

Reinbek
Wohltorf
Aumühle

Schwarzenbek
Müssen

Schwerin / Rostock
RE 1

RE 3
RE 4 / RE 5
RB 31 / RB 41

Harburg
Meckelfeld
Maschen
Stelle
Ashausen

Hittfeld
Klecken

Elbe

S 2

RE 1

Lauenburg (Elbe)
Echem

S 21

RE 1

Elbe

RE 1

Büchen

Buchholz
(Nordheide)
RB 38
Suerhop
Holm-Seppensen
Büsenbachtal
Handeloh
Wintermoor
Schneverdingen
Wolterdingen (Han)
Soltau Nord

Winsen (Luhe)
Radbruch
Bardowick

RE 3 / RB 31

Lüneburg
RE 83 / RB 31 / RB 32

Wendisch Evern
Vastorf
Bavendorf
Dahlenburg
Neetzendorf
Göhrde
Leitstade
Hitzacker

Dannenberg Ost
RB 32

RB 32

tau (Han)
RB 37

Munster (Örtze)
Brockhöfe
Ebstorf (Uelzen)

RE 3 / RB 31

Bienenbüttel
Bad Bevensen

Uelzen
RE 2 / RE 20
RB 37 / RB 47

Suderburg

Stederdorf
(Kr. Uelzen)

RE 20 / RB 47

Wieren

Soltendieck
Schnega

Bad Bodenteich

Magdeburg
RE 20

Hannover
RB 38
RB 37

Hannover / Göttingen

RE 2 / RE 3

Braunschweig
RB 47

LEAVE ONLY

Footsteps

TAKE ONLY

Memories.

HALT SIE FEST! DEINE GANZ PERSÖNLICHEN
HOTSPOTS, GEHEIMTIPPS & ERINNERUNGEN.

Vor der Reise

NICHT VERGESSEN!

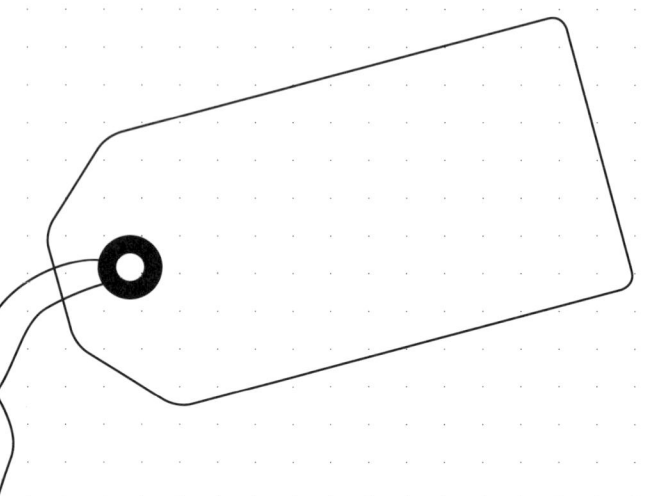

Lieblings Ort

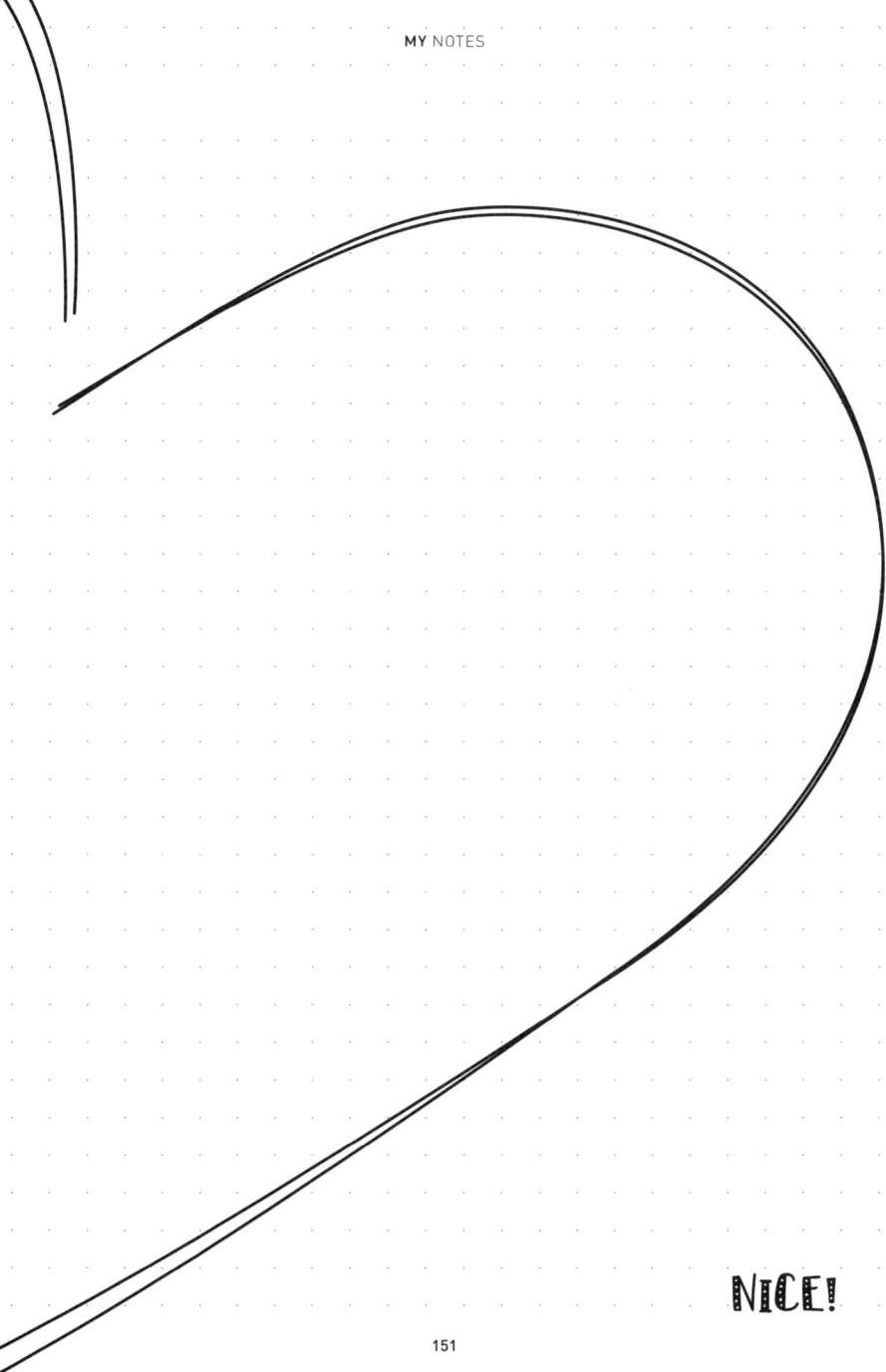

NICE!

WERDE ZUM
RESTAURANTKRITIKER
Hamburg

RESTAURANT / CAFÉ

ORT / DATUM

GERICHT

KOMMENTAR

☆ ☆ ☆ ☆ ☆   EMPFEHLENSWERT   YES ☐   NO ☐

RESTAURANT / CAFÉ

ORT / DATUM

GERICHT

KOMMENTAR

☆ ☆ ☆ ☆ ☆   EMPFEHLENSWERT   YES ☐   NO ☐

RESTAURANT / CAFÉ

ORT / DATUM

GERICHT

KOMMENTAR

☆ ☆ ☆ ☆ ☆   EMPFEHLENSWERT   YES ☐   NO ☐

RESTAURANT / CAFÉ

ORT / DATUM

GERICHT

KOMMENTAR

☆ ☆ ☆ ☆ ☆   EMPFEHLENSWERT   YES ☐   NO ☐

Yummy, Yummy!

RESTAURANT / CAFÉ

ORT / DATUM

GERICHT

KOMMENTAR

☆ ☆ ☆ ☆ ☆   EMPFEHLENSWERT   YES ☐   NO ☐

RESTAURANT / CAFÉ

ORT / DATUM

GERICHT

KOMMENTAR

☆ ☆ ☆ ☆ ☆   EMPFEHLENSWERT   YES ☐   NO ☐

RESTAURANT / CAFÉ

ORT / DATUM

GERICHT

KOMMENTAR

☆ ☆ ☆ ☆ ☆   EMPFEHLENSWERT   YES ☐   NO ☐

RESTAURANT / CAFÉ

ORT / DATUM

GERICHT

KOMMENTAR

☆ ☆ ☆ ☆ ☆   EMPFEHLENSWERT   YES ☐   NO ☐

RESTAURANT / CAFÉ _____

ORT / DATUM _____

GERICHT _____

KOMMENTAR _____

_____

☆ ☆ ☆ ☆ ☆   EMPFEHLENSWERT   YES ☐   NO ☐

RESTAURANT / CAFÉ _____

ORT / DATUM _____

GERICHT _____

KOMMENTAR _____

_____

☆ ☆ ☆ ☆ ☆   EMPFEHLENSWERT   YES ☐   NO ☐

RESTAURANT / CAFÉ _____

ORT / DATUM _____

GERICHT _____

KOMMENTAR _____

_____

☆ ☆ ☆ ☆ ☆   EMPFEHLENSWERT   YES ☐   NO ☐

Genug von Hamburg?

DANN REISE MIT UNS DOCH MAL NACH...

Deine Lieb-
lingsstadt fehlt?
Dann schreib
uns unter hello@
guideme.ch

UND FÜR DEINEN NÄCHSTEN
ROADTRIP DURCH EUROPA HABEN
WIR AUCH SCHON DAS PASSENDE:
UNSERE CLEVEREN TRAVELMAPS!

BILDNACHWEIS

Fotos: Chocoversum: Christian Perl (27); Freundlich + Kompetent: Pixeljanosch (106); huber-images: Guido Cozzi (20/21), Reinhard Schmid (24); iStock: eyewave (49), Thomas Fluegge (114, 116); Laif: Peter Bialobrzeski (120), Christian Kerber (51 u.), Gunnar Knechtel (93), Jörg Modrow (3 M. r., 32, 94, 105, 108), Evelyn Rois & Bruno Stubenrauch (31, 52), Dagmar Schwelle (127), Marcus Vogel (92); Laif/Le Figaro Magazine: Martin (72); Lookphotos: Arnt Haug (50); mauritius images: Christina Czybik (129), Werner Dieterich (102 o.), Heiko Osswald (Cover l.); mauritius images/Alamy: Panther Media (122/123), Dirk Renckhoff (3 u., 128), Zoonar (96); mauritius images/Alamy/Bildagentur-online: Ohde (62), Schoening (125 o.); mauritius images/Alamy/Stockimo: BiR Fotos (89); mauritius images/Travel Collection (103); mauritius images/Westend61 (124); picture-alliance/Bildagentur-online: Ohde (51 o.); picture-alliance/blickwinkel/McPhoto: C. Ohde (46 u.); picture-alliance/dpa: Daniel Bockwoldt (46 o.), Axel Heimken (47), Daniel Reinhardt (74); picture-alliance/Eventpress (34); picture-alliance/xim.gs (80); Shutterstock: Jacqueline Abromeit (81 l.), V. Anisimov (66), N. M. Bear (48), Thorben Ecke (100/101), Nnamdi David Ekwegba (17), foto-select (38), fritschk (121), Frank Gärtner (76, 84, 118 u.), Gerckens-Photo-Hamburg (58), Alexandr Grant (100), Corinna Haselmeyer (68), ilolab (75), iyd39 (Cover r.), ksl (3 M. l.), Lukassek (112), Simon Maas (53), MaraZe (42), marketa1982 (118 o.), Christian Müller (20, 54, 70), Oscity (88/89, 117), powell´sPoint (60/61), Rodenberg Photography (122), seewhatmitchsee (22 l.), LI SEN (44), SergeyPhoto7 (65), Roland Sili (22 r.), Werner Spremberg (18), Lars Stender (19), telesniuk (61), Oksana Turkmenbaeva (36, 81 r.), eric. walter (125 u.), Xenya and Igor (90), Klara Zamourilova (23); StrandPauli (71); Jennifer Volk (Cover M., Rückcover, 3 o., 4, 12, 16, 26/27, 28, 29, 30, 37, 82, 86, 95, 102 u., 104, 107, 126)

IMPRESSUM

1. Auflage, April 2020
ISBN | 978-3-8283-0940-1

Konzeption & Chefredaktion | Selina Louise Missel
Co-Autorin | Jennifer Volk
Produktion | red.sign GbR, Stuttgart
Design & Illustration | Ina-Marie Inderka
Kartografie | Hallwag Kümmerly+Frey AG

Printed in Italy

Sag uns deine Meinung!

Egal ob du uns von deinem schönsten Urlaubsmoment, dem besten Foodspot oder der coolsten Foto-Location erzählen willst, schreib uns unbedingt! Natürlich freuen wir uns auch über Lob und Kritik zu unseren TravelBooks.

hello@guideme.ch

Hinweis

Dieser Reiseführer wurde natürlich mit allergrößter Sorgfalt und viel Herzblut für dich erstellt und recherchiert, allerdings können dem größten Streber Fehler unterlaufen und manche Adressen und Gegebenheiten ändern sich schneller, als man denkt. Deshalb müssen wir aus rechtlichen Gründen betonen, dass inhaltliche und sachliche Fehler leider nicht ausgeschlossen werden können. Alle Angaben sind ohne Gewähr des Autors oder des Verlages und somit besteht keine Haftung. Sollten dir allerdings Fehler auffallen, freuen wir uns über eine Nachricht von dir an hello@guideme.ch. PS.: Einen kleinen „Fehler-Finderlohn" gibt's dann natürlich auch von uns!

guideme_travel | www.guideme.ch

© Hallwag Kümmerly+Frey AG, Grubenstrasse 109, CH 3322-Schönbühl-Bern

Genießt die tolle Atmosphäre direkt an der Promenade bei der Elbphilharmonie mit unverwechselbarem Elbblick.

SURFKITCHEN – 2 x in der HafenCity

Surfkitchen
Elbphilharmonie
Am Kaiserkai 1

Surfkitchen
beim Maritimen Museum
Hongkongstraße 2-4

www.surfkitchen.de